W0277702

Wolfgang Longardt · Wolfgang Gerts

Kinderbibeltage – Kinderbibelwochen

Neue Modelle · Bausteine · Anregungen

Unter Mitarbeit von
Martin Bergau, Hilke Grabau, Klaus Grünwaldt,
Carola Wagner, Andrea Wolters und Klaus Zillessen

Mit Zeichnungen von
Moritz von Blanckenburg

Gütersloher Verlagshaus

Deutsche Bibliothek – CIP-Einheitsaufnahme

Longardt, Wolfgang:
Kinderbibeltage – Kinderbibelwochen : neue Modelle –
Bausteine – Anregungen / Wolfgang Longardt ;
Wolfgang Gerts. Unter Mitarb. von Martin Bergau …
Mit Zeichn. von Moritz von Blanckenburg. –
Gütersloh : Gütersloher Verlagshaus Mohn, 1993
ISBN 3-579-02919-3
NE: Gerts, Wolfgang:

ISBN 3-579-02919-3
© Gütersloher Verlagshaus, Gütersloh 1993

Das Werk einschließlich aller seiner Teile ist urheberrechtlich geschützt. Jede Verwertung außerhalb der engen Grenzen des Urheberrechtsgesetzes ist ohne Zustimmung des Verlages unzulässig und strafbar. Das gilt insbesondere für Vervielfältigungen, Übersetzungen, Mikroverfilmungen und die Einspeicherung und Verarbeitung in elektronischen Systemen.
Umschlaggestaltung: Franz Wöllzenmüller, Oberhaching, unter Verwendung einer Zeichnung von Moritz von Blanckenburg, Waake
Satz und Reproduktionen: Weserdruckerei Oesselmann, Stolzenau
Druck und Bindung: Ebner Ulm

Gedruckt auf chlorfrei gebleichtem Werkdruckpapier

Printed in Germany

Inhalt

Gute Wünsche statt eines Vorworts 7

Kapitel 1
Welche Probleme tauchen in der Praxis der »KIBIWOs« immer wieder auf?
Zwei Interviews mit langjährigen Praktikern und eine Check-Liste 8

Kapitel 2
Laßt uns gehn in unser Land – wo keiner Angst hat vor dem andern
Eine dörfliche Kinderbibelwoche 17

Kapitel 3
Das Besondere an Jesus entdecken ...
Eine Kinderbibelwoche in drei Teilen 65

Kapitel 4
Wenn die Sonne sich verdunkelt …
Eine symboldidaktische Kinderbibelwoche zu Passion und Ostern 80

Kapitel 5
Gotteskinder in aller Welt
Buchholzer Kindertage 93

Kapitel 6
Kreuze kreuzen unsern Weg …
Ein symboldidaktischer Kinderbibeltag 107

Kapitel 7
Vom Licht und vom Leuchten
Ein vorweihnachtlicher Kinderbibeltag mit zwei Vergleichsgeschichten 117

Kapitel 8
Briefe machen Freude
Ein Kinderbibelwochenende als Auftakt zum Gemeindefest 128

Kapitel 9
Der Anfang muß Spaß machen
Bausteine und Ideen 133

Register
Verzeichnis der benutzten biblischen Texte 138
Verzeichnis der Lieder 138
Verzeichnis der Spielarten und kreativen Gestaltungsformen 139
Stichwortverzeichnis 139

Gute Wünsche statt eines Vorworts

Die Herausgeber und alle Mitautorinnen und Mitautoren freuen sich, wenn dieser zweite Band *»Kinderbibeltage – Kinderbibelwochen«* ein wenig dazu beiträgt, daß Kinderbibel-Projekte sich als gemeindepädagogische Erfahrungsfelder weiter ausbreiten.

Wir wünschen unseren Leserinnen und Lesern,

- daß die Kinder auch in Ihrer Gemeinde, wie es Jesus gelehrt hat, endlich wieder in den Mittelpunkt aller Aktivitäten rücken;
- daß Kinderbibelwochen überall zu einer festen Einrichtung werden;
- daß über die Kinderbibelwochen etwas von der Freude am Evangelium bis in Familien und Elternhäuser ausstrahlen möge.

Für alle, die an diesem Buch mitgearbeitet haben:

Wolfgang Gerts *Wolfgang Longardt* *Moritz von Blanckenburg*

Kapitel 1
Welche Probleme tauchen in der Praxis der »KIBIWOs« immer wieder auf?

Zwei Interviews mit langjährigen Praktikern und eine Check-Liste

Wolfgang Longardt

1. Interview

Interviewer:
»Herr Pastor S., Sie sind bekannt dafür, daß Sie regelmäßig große Kinderbibelwochen veranstalten. Neben den unbestritten vielen positiven Erfahrungen dabei, möchte ich Sie aber nach den Dingen fragen, die immer wieder »kneifen« und Probleme machen.«
Pastor S.: »Ich will gern darauf antworten, wenn mir von Ihnen Anonymität zugesichert wird, denn ich will mit meinen Amtsbrüdern und dem bisherigen KIBIWO-Team in Frieden weiterleben.«
»Wir drucken nur den Anfangsbuchstaben Ihres Namens, Sie können frei reden.«
»Da fällt mir erstens ein, daß Termine und Zusagen zur Mitarbeit immer wieder nicht eingehalten werden, plötzlich ist anderes wichtiger, vor allem bei meinen Amtsbrüdern und den sog. ›hauptamtlichen Mitarbeitern‹. Zweitens ärgert mich, daß Amtsbrüder und Hauptamtliche oft ›eindeutig unvorbereitet‹ sich vor die Kinder stellen und ihre biblische Erzählung abliefern. Man bereitet sich für Erwachsenengottesdienste und Veranstaltungen vor, aber für Kinder eben kaum und meint, diese Geschichte habe man schon oft erzählt und gut im Kopf.«
»Sie konstatieren also im Grunde eine Geringschätzung der Kinder, aber auch ein liebloses, fahrlässiges Umgehen mit biblischen Texten.«
»Eigentlich erschreckt dies mich. Das Dritte, was ich nennen möchte: Vorbereitungsabsprachen werden gerade von meinen Amtsbrüdern und den Hauptamtlichen immer wieder nicht eingehalten. Da ist zum Beispiel verabredet, eine biblische Geschichte noch ohne Schluß zu erzählen. Die Laienmitarbeiterinnen haben Stegreifspiele zur Weiterführung der Geschichte in den Gruppen geplant. Aber zu ihrem und meinem Entsetzen wird ›gedankenlos‹ einfach wie sonst üblich bis zum Ende der biblischen Geschichte erzählt. Dies ist nicht etwa nur einmal passiert, nein nein.
Und schließlich gibt es immer wieder die ermüdenden Raumorganisations-

GEMEINDE HAUS
KOMMT ALLE ZUR KIBIWO!
SIE KÖNNEN IHN NACHHER DA UNTEN ABHOLEN!
HIER FELIX, HIER!
MO 92

kämpfe. Wir sind eine große Gemeinde. Die vielen Räume im Gemeindehaus werden eigentlich exakt nach Plan und Datum vergeben und eingetragen. Aber gerade bei den Kinderbibelwochen drängen dann irgendwelche engagierten Erwachseneninitiativgruppen herein: ›Die Kinder könnten doch in den Kellerräumen tanzen!‹ Hier zeigt sich der Stellenwert der Kinder dann blamabel deutlich. Nicht immer bin ich gleich da und kann die Räume erneut für die Kinder freikämpfen.«

»Danke für Ihre ungeschminkte Problemschilderung, möge Ihnen aber die Freude an den KIBIWO's erhalten bleiben.«

2. Interview
Interviewer:
»Frau Pastorin F., Sie haben schon viel Erfahrung mit Kinderbibelwochen. Höhen und Tiefen haben Sie dabei erlebt. An welchen Punkten gibt es immer wieder Probleme, wo ›kneift es‹ immer wieder?«
Pastorin F.:
»Schade, daß Sie nur so gezielt nach Problembereichen fragen. Aber ich will wenigstens vorausschicken, daß ich leidenschaftlich gern in der KIBIWO-Praxis mich engagiere. Das sind immer Höhepunkte in der Gemeindearbeit. Aber es sind seltsamerweise immer die gleichen Dinge, die – wie Sie es ausdrücken – ›kneifen‹.
»Welche Dinge sind es, ehrlich gesagt?«
»Drei möchte ich vor allem nennen:
1. Nie reicht die Zeit, mit den Mitarbeiterinnen auch wirklich alle vier Tage der geplanten KIBIWO inhaltlich gründlich vorzubereiten. Die Arbeit der letzten Tage ist meist nur ›Stegreif-Geschehen›. Das ärgert mich immer wieder. Als ich vor fünf Jahren hier anfing – die zweite Pastorenstelle war damals vakant, wie jetzt auch wieder –, da bin ich als unbekümmerte Anfängerin einfach hineingesprungen, drei Mütter aus der Gemeinde halfen mir, aber es war schon irgendwie chaotisch, tausend Dinge hatten wir vergessen zu planen und zu besorgen. Die ersten beiden Teiltexte hatten wir so intensiv bedacht und durchdiskutiert, daß für die restlichen keine Zeit blieb. Bis heute erlebe ich, daß der Zeitfaktor der gründlichen textlichen Vorbereitung von mir immer noch nicht richtig eingeschätzt wird.
2. Fast immer leidet das Ganze an Mitarbeiterinnenmangel. Eine Mutter wird krank, bei der anderen verunglückt ein Familienangehöriger, der dritten geht der Mut verloren, mit Kindern zu arbeiten usw., usw. – Obwohl ich jetzt schon immer mit 7 – 8 Müttern der Gemeinde zu planen beginne, haben wir immer ›Schwund‹, denn hauptamtliche Mitarbeiter gibt es hier leider nicht.
3. Ich habe zwar das Planen langsam in den Griff bekommen, indem ich mir eine Art Checkliste zulege (Werbung, Verpflegung, Materialien, Raumgestaltung etc.), es gibt aber einen Bereich, in dem ›kneift‹ es wirklich immer: da die Kinderzahlen wachsen, reicht nie der Finanzrahmen. Das liegt auch an den Laienmitarbeiterinnen, die zu großzügig und gutmütig mit teuren Materialien umgehen, immer mehr verteilen, so daß plötzlich Ersatz nötig wird – beschafft im teuren nächsten Geschäft. Ich müßte in allen Gruppen anwesend sein und die Hände darüber halten, doch es ist immer noch zuviel, was ich mir alles selbst in einer KIBIWO auflade. Seit diesem Jahr delegiere ich konsequent die Werbungsaufgaben, das Vervielfältigen der Texte, das Organisieren der Fahr- und Zubringerdienste, die Raumvorbereitungen, doch noch immer ›reichen meine Hände nicht›, denn bei 120 Kindern, die wir in 8 – 9 Gruppen aufteilen, fällt

letztlich dann doch wieder vieles mir zu. Manchmal entmutigt es, wenn dann mit dem Kirchenvorstand nachträglich Finanzlücken gedeckt werden müssen, denn so kinderfreundlich ist man dort auch nicht.«

»Frau Pastorin F., wir wünschen Ihnen so etwas wie langen Atem bei all Ihren Bemühungen in diesen großen Kinderbibelwochen, und vielleicht wird auch die Check-Liste, einschließlich der wirklichen Materialkosten, jedes Jahr etwas exakter oder treffsicherer.«

Impuls: Haben Sie schon einmal überlegt, sich zusammen mit dem KIBIWO-Vorbereitungsteam eine eigene CHECK-LISTE anzulegen? Dazu hier, insbesondere für Fragen, die immer wieder auftauchen, einige Anregungen:

a) Wie finanzieren wir in diesem Jahr unsere KIBIWO?

1. Damit das Ganze auch in den Augen der Eltern etwas gilt und wert ist, sollte von jedem Kind ein kleiner Grundbeitrag (mit Ermäßigungen für Familien mit mehreren Kindern) festgelegt werden.
2. Sachspenden etwa von örtlichen Geschäftsleuten sind immer eine gute Starthilfe.
3. Wo Städte und Landkreise sog. »jugendpflegerische Maßnahmen« bezuschussen, sollte ein entsprechender Antrag gestellt werden. Dabei sollten die Kosten getrost ziemlich hoch veranschlagt werden, bei der späteren Abrechnung sind aber auch die »gespendeten Kostenbeträge« einzusetzen!
4. Durch den Kirchenvorstand und eine Familiengottesdienstkollekte kommen gewiß weitere Mittel zusammen.
5. Vielleicht kann man für die Verpflegungskosten die örtlichen Beziehungen spielen lassen: Mittag etwa vom DRK, vom THW oder einer anderen Organisation.

b) Was soll bei der Grundorganisation delegiert werden?

1. Wer klärt die Raumfragen für Plenum und Gruppenarbeiten?
2. Wer nimmt die Anmeldungen entgegen und setzt die Höchstgrenze für die Teilnehmerzahl fest?
3. Wer klärt mit den Pastoren (Pfarrern) die Terminfestlegung so rechtzeitig, daß auch ein Familiengottesdienst als Abschluß und Höhepunkt der KIBIWO möglich ist?
4. Wer kümmert sich um die Raumgestaltung (Bühne, Raummittelpunkt, Sitzkissen für Kinder etc.)?
5. Wer kümmert sich, wenn der Termin festgelegt ist, um Absprachen mit der Schule (Hausaufgabenreduzierung?) und mit Sportverbänden (bitte keine Konkurrenztermine)?

6. Wer legt die für das Team geeigneten Vorbereitungstermine fest (immerhin kann eine gut durchorganisierte KIBIWO nicht ohne 6 – 8 wöchige Vorphase ablaufen)?

c) Wer übernimmt Einladung und Werbung?

1. Wer bringt unseren KIBIWO-Termin in den Gemeindebrief, möglichst mit einem Interesse weckenden, informativen Artikel?
2. Wer produziert Handzettel und organisiert in Schule und Gemeinde die Verteilung?
3. Wer kümmert sich um die Werbung in Kindergottesdienst und Kindergarten?
4. Wer informiert die Eltern rechtzeitig?
5. Wer malt und verteilt Plakate?
6. Wer nimmt Kontakt zur Lokalpresse auf, damit sowohl vor dem Beginn der KIBIWO in der Zeitung etwas steht als auch ein Bericht mit Fotos vom ersten Tag?
7. Welches sichtbare Zeichen können die Kinder gleich bei ihrer Anmeldung erhalten (Aufkleber, Button, Umhänger etc)?

d) Wer übernimmt die Materialbeschaffung?

1. Liedblätter müssen hergestellt werden, und zwar in ausreichender Zahl (Anmeldezahl beachten plus Reserve).
2. Größere Requisiten und evtl. Kostüme, sowie Tücher sind bereitzuhalten oder zu beschaffen.
3. Wird Pappe zum Basteln gebraucht, ebenso Klebstoff und Wachsmalstifte?
4. Je nach Jahreszeit sind Lebensmittel zu beschaffen (Obst, Getränke, evtl. Mittagessen etc.).
5. Vermutlich sind für Kinder, die lesen können, auch einige Texte in ausreichender Zahl zu kopieren.

e) Wer soll für die gesamte Musik verantwortlich sein?

1. Welche Instrumentalspieler gehören schon jetzt dem Vorbereitungsteam an, welche können dazugeworben werden (Akkordeon, Gitarre, Flöte sind besonders geeignet)?
2. Die Liedauswahl sollte gemeinsam im Vorbereitungsteam erfolgen, aber dann gilt es evtl. Begleitsätze zu schreiben, manches neue Lied selbst gut zu üben.
3. Falls ein kleiner »Heimverstärker« nötig ist, darf nicht erst am Morgen des KIBIWO-Startes Zeit mit technischen Proben verloren gehen (vorher »Sound-Check« bitte durchführen).

4. Vor berieselnder Hintergrundmusik (von Band oder Cassette) sei gewarnt, das schaukelt etwa in der Begrüßungs- oder Ankommensphase nur den allgemeinen Geräuschpegel hoch!
5. Welche Lieder sollen durch tägliche Wiederholung fester Besitz der Kinder werden? Zu welchen Liedern können wir Bewegungen oder richtige Tanzformen erfinden?
6. Falls eine kleine Musikgruppe alle Lieder begleitet, so muß sie ganz nahe bei den Kindern sitzen (gewarnt wird vor einer Band oben auf der Bühne! Singen braucht Nähe!)

f) Wer ist für die inhaltlich biblische Vorbereitung zuständig?

1. Man vergesse nicht, Bibeln unterschiedlicher Übersetzung bereitzulegen.
2. Unterschiedliche Erzählvorschläge, vielleicht auf Cassetten aufnehmen. Das Vorbereitungsteam vergleicht dann, macht einander Mut (gewarnt wird vor bereits fixierten und vervielfältigten Erzählfassungen, das tötet die Kreativität und verhindert gutes, situationsgerechtes Erzählen vor den Kindern!).
3. Man vergesse nicht, die Gebete für jeden Tag vorzubereiten. Schön ist, wenn jemand aus dem Vorbereitungsteam auch während der KIBIWO ein Ohr auf das Geschehen und die Äußerungen der Kinder hat, dann können auch noch situationsbedingte Gebete zusätzlich formuliert werden.
4. Welche Elemente der KIBIWO sind von vornherein auch schon für den Familiengottesdienst gedacht?

g) Wie soll die täglich nötige Auswertung geschehen und wann?

1. Jeder notiert oder merkt sich, was gut und was schlecht gelaufen ist.
2. Gemeinsam ist dann zu bedenken, welche Abläufe am Folgetag anders gestaltet werden müssen. Wo reichte die Zeit – etwa für die kreativen Gruppengestaltungen nicht aus, wo gab es Leerlauf, wo brauchen die Kinder mehr Pausen, auch zum Toben?
3. Welche Lieder oder Rituale sollen noch mehr vertieft werden, weil sie offenbar besonders gut ankommen?
4. Ist der Wechsel von leisen, intensiven zu lauten, vitalen Phasen schon gut ausbalanciert oder noch zu verbessern?

h) Wie soll die tägliche Reinigungs- und Aufräumphase organisiert sein?

1. Der zusätzliche Schmutz kann auf keinen Fall der Reinigungskraft, die sonst schon mit allen Räumen ausgelastet ist, zugemutet werden.

2. Schön ist, wenn man gemeinsam aufräumt, alles reinigt und danach wieder alles für den Folgetag einrichtet. Dabei kann schon ein erster Erfahrungsaustausch erfolgen.
3. Alle Fehler und Schwächen, die bemerkt werden, sollten unbedingt in einem Protokoll *»Was nicht wieder passieren muß«* festgehalten werden. Zu Beginn einer Vorbereitung zur neuen KIBIWO ist dies Protokoll sehr hilfreich. Den Inhalt kann man lustig formulieren, denn jeder macht mal Fehler oder vergißt etwas.
4. Es ist schließlich zu überlegen, in welcher Form Nachbargemeinden oder eine ganze Region (Dekanat oder Kirchenkreis) von unseren Erfahrungen profitieren können. Neben einem Artikel im Gemeindebrief könnte auch überregional noch mehr Mut zu Kinderbibelwochen gemacht werden, die noch lange nachklingen ...

Kapitel 2
Laßt uns gehn in unser Land – wo keiner Angst hat vor dem andern

Eine dörfliche Kinderbibelwoche

Wolfgang Gerts, Klaus Grünwaldt, Andrea Wolters

Mitgeplant haben sie auch: Moritz von Blanckenburg (Grafik), Monika Knöchelmann, Maike Kolbe, Susanne Lohse, Cornelia Schreiber, Holger Heise, Katrin Sandau, Ulrike Abel-Tornow. An der Vorbereitung waren außerdem einige Kannen Kaffee und an der Durchführung 23 Mitarbeiter und eine Konfirmandengruppe beteiligt.
Das Angebot der KIBIWO richtete sich an eine Region, in der mehrere Kirchengemeinden miteinander verbunden sind: Ebergötzen, Landolfshausen, Waake mit einigen kleineren Dörfern, zusammen ca. 3.000 Gemeindeglieder. Sie fand in Waake statt.
An den jeweiligen Tagen haben 80 bis 115 Kinder an ihr teilgenommen. Die Kinder wurden mit dem Bus aus den Nachbardörfern abgeholt und zurückgebracht.
Der Vorbereitungskreis setzte sich zusammen aus Mitarbeitern der Kindergottesdienste, Erzieherinnen, Theologen. Die Vorbereitungszeit belief sich auf ca. 4 Monate in meist wöchentlichen Sitzungen. An einem Wochenende wurden weitere Mitarbeiter in ihre Aufgabe eingeführt.
Die notwendige musikalische Begleitung erfolgte durch eigene Mitarbeiter: 2 Gitarren, Querflöte, Geige, zwei Solosängerinnen.
Die KIBIWO fand an vier Nachmittagen und am Pfingstsonntag (Familiengottesdienst) statt.

Die Nachmittage hatten folgenden Aufbau (mit leichten Abweichungen):

- Einsingen und Begrüßung
- Entfaltung des Tagesthemas im Plenum
- Gruppenarbeit in Altersgruppen
- Gemeinsame Andacht
- Gemeinsames Abendessen
- Segen
- Aufräumen

Schlüsselpersonen:

- Mose – maulfauler Mittelpunkt des Geschehens
- Aaron – sein erzähl- und redebegabter Bruder
- Wanda Wegerich – Moderatorin und Sprachrohr der Kinder
- Musikkapelle, die Kinder anspricht und mit einbezieht

Das Thema

Uns regte folgendes Lied an: »Laßt uns gehn in unser Land, wo keiner Angst hat vor dem andern. Ist nicht weit, das schöne Land, wo keiner Angst hat vor dem anderen.«

Den Weg, den dieses Lied beschreibt, wollten wir gerne mit den Kindern ausprobieren.

Die Thematik der KIBIWO führte uns in ein Gespräch über Kinderängste: Unterdrückung durch Eltern, Lehrer, andere Kinder, Veränderungssituationen wie Vorschule, Schulanfang, Schulwechsel, Umzug, Abgewiesenwerden, Einsamkeit, Ausweglosigkeit ...

Wir griffen die Spannung von Ängsten, Hoffnungen, Enttäuschungen und möglichen Auswegen auf. Wir bewegten uns damit in dem biblischen Spannungsfeld von Verheißung, Noch-nicht-ganz-Erfüllung und neuer Verheißung. Jedes Kind ist auf seine Weise »unterwegs«, wird konfrontiert mit stets neuen Lebenssituationen, die sowohl Hoffnungen als auch Ängste in ihm auslösen. Die KIBIWO kann den Kindern helfen, solche Vorgänge zu durchschauen, vorhandenes Vertrauen stärken, neues Vertrauen wecken.

Insgesamt: die Kinder *begleiten!*

Der kundige Leser hat den Braten natürlich längst gerochen: Neben dem Lied »Laßt uns gehn in unser Land« bildeten die Geschichten von Mose und Aaron den roten Faden durch die KIBIWO . All das, was bei den Kindern an Erfahrungen von Aufbruch, Ängsten, Vertrauen, Begleitung lebendig war, sahen wir auch in den Geschichten um Mose und Aaron. Wir hofften, daß die Kinder sich selbst in ihnen wiederfinden, einige Tage in diesen Geschichten leben, sie sich aneignen, in ihnen aufgehen würden, vielleicht sich als Teile des wandernden Volkes Gottes begreifen würden.

Nicht von ungefähr führte die KIBIWO auf einen Familiengottesdienst zu Pfingsten hin: die biblische Ermutigung an Christenmenschen, sich der Führung Gottes anzuvertrauen, sich auf den Weg zu machen.

Die umfangreichen praktischen Vorbereitungen wollen wir hier nicht gesondert darstellen.

Der erste Tag
... wo Große nicht die Kleinen schrecken ...

Einsingen:

Solange sich die Kinder noch sammeln, singen wir mit ihnen die wichtigsten Lieder ein.
Jedes ankommende Kind wird von einer Mitarbeiterin am Eingang *persönlich* begrüßt. Die Mitarbeiterin weist sie an Tische, wo die Kinder ihren Namen nennen (Listenvergleich, evtl. 5,- Teilnehmerbeitrag nachbezahlen).
Sie bekommen eine Holzscheibe mit einem bunten Wollfaden, die sie ausmalen dürfen. Auf jeder Holzscheibe ist das Symbol der KIBIWO aufgestempelt.
Einige Zeit vergeht mit dem Anmelden und Ausmalen.
Die verschiedenfarbigen Wollfäden sind als Hilfestellung für eine spätere Einteilung in Kleingruppen gedacht.

Wir begrüßen die Kinder

Im folgenden kürzen wir die Namen ab:
M = Mose
W = Wanda Wegerich
A = Aaron
A: Hallo Kinder, guten Tag! – Maaann, seid ihr aber viele!
W: Hallo, Sie da oben ... (kommt näher).
A: Jetzt will ich euch aber erst mal begrüßen!
W: Entschuldigen Sie mal, ist hier die ...
A: Gnädige Frau, Sie stören. Ich will jetzt endlich die Kinder hier begrüßen.
W: Ach so! Guten Tag, Kinder! – Sagen Sie mal, ist hier die Kiwibo, ach nein, die Biwiko, naja, dieses Dings da, wo man in ein Land wandern kann, Kinder, wie heißt das noch?
Kinder: K – I – B – I – W – O
W: Ich bin nämlich die Wanda, und, wie der Name schon sagt, also: ich wandere sooo gerne ... – Geht das von hier los?
A: Also, liebe gnädige Frau Wanda ...
W: ... Wegerich, angenehm, Wegerich – Wanda.
M: Also, gnädige Frau Wegerich, wandern tun wir schon, aber nicht so, wie Sie meinen, diese Kinder hier sind mit dem Bus gekommen,jedenfalls viele von ihnen.
W: Ooch, das ist ja toll! Wo kommt ihr denn alle her? Aus Paris? – Oder sogar aus Amerika?
Hach, wie interessant, woher kommt ihr denn nun?

A: Wolln wir doch mal sehen.
Ist hier jemand aus Paris?
(Alle Kinder aus Paris melden sich.)
Oder aus Amerika?
(Alle Kinder aus Amerika melden sich!)
Oder aus Seulingen?
(Alle Kinder ...)
Falkenhagen?
Potzwenden? (Das gibts wirklich!)
Aus Seeburg?
Aus Landolfshausen?
Aus Ebergötzen?
W: Kommen da nicht Max und Moritz her?
Aus Bösinghausen?
Aus Waake?
Aus dem Hacketal?
Aus Göttingen?
Aus Mackenrode?
Ich finde es unheimlich toll, daß so viele Kinder hier dabei sind. Wollen Sie auch mitmachen, gnädige Frau?
W: Klar doch, wo ich doch so gerne wandere. Und ich mag Kinder so gerne, ich weiß viele Geschichten von Kindern. Also, bei uns in der Nachbarschaft, da wohnen Kati, Christoph und Dennis, von denen könnte ich euch was erzählen. Also, euch find ich auch unheimlich sympathisch.
Aber worum gehts denn hier überhaupt?
A: Ich glaube, jetzt singen wir erst mal ein Lied zusammen!

Wir singen: Ein jeder kann kommen

2. Für jeden, der Angst hat, wolln wir gut Freund und gute Nachbarn sein.
Wir teilen die Ängste: geteilte Angst wird klein. Alle Großen …

Text und Musik: Wolfgang Radeke
Vers 2: Wolfgang Gerts
© Strube Verlag, München

Aus: Du, laß dich nicht verhärten. Ein Liederbuch für Jugend und Gemeinde, hg. von Wolfgang Gerts und Tina Wolff-Egger, Gütersloher Verlagshaus, Gütersloh 1988, Nr. 30.

A: Liebe gnädige Frau, äähh, darf ich vielleicht WANDA sagen?
W: Aber ja doch! Wie heißt denn Du?
A: Ich bin Aaron. Ich bin übrigens auch sehr erfahren im Wandern. Mit allen meinen Leuten hab ich mich mal auf den Weg gemacht, auf den Weg aus der Unterdrückung. Aber Unterdrückung, das ist ja nichts für Kinder.
W: Nichts für Kinder?
Nichts für K I N D E R ???
Du hast wohl keine Ahnung!
Da kann ich dir aber was ganz anderes erzählen. Du kennst wohl noch nicht die Geschichte von den Mädchen der Klasse 4 a?
A: Nein, die kenn ich noch nicht. Erzähl!
W: Also, paßt auf, Kinder!

Die Geschichte von den Mädchen in der Klasse 4 a
Julia, Kati und Stephanie unterhalten sich im Umkleideraum vor der Sportstunde. »Jetzt haben wir gleich wieder Sport, so ein Mist!« sagt Julia. »Ja, das finde ich auch. Da dürfen wir mal wieder Fußball spielen, wie immer.« schimpft Kati und stampft mit dem Fuß auf den Boden. Stephanie schmollt und nölt: »Ich finde, das ist eine Riesengemeinheit, daß wir immer das Spiel machen müssen, was die Jungen wollen. Ich kenne kein Mädchen in unserer Klasse, das gerne Fußball spielt. Wir müssen uns immer nach den Jungen richten. Nie dürfen wir uns mal ein Spiel wünschen.«
Da hat Julia eine Idee: »Mir ist das einfach zu doof. Heute mache ich nicht mehr mit. Ich setze mich einfach auf die Bank.« Das findet Stephanie toll und schlägt vor, daß alle Mädchen das machen sollen. »O ja, prima!«, rufen die Mädchen, »dann sollen die blöden Jungen eben alleine spielen, oder sie richten sich eben heute mal nach uns.«
(Cornelia Schreiber)

A: Sagt mal, Kinder, gibts das wirklich?
(Kinderreaktionen ...)
W: Mein Gott, das gefällt mir nicht. Das muß anders werden.
Findet ihr das nicht auch? Es könnte wirklich besser gehen.
(Kinderreaktionen ...)
Kapelle: He, was hast du da gesagt, Wanda? »Mein Gott, das muß anders werden?« – Da weiß ich ein Lied von, wollen wir das nicht mal singen?
Wir singen: Mein Gott, das muß anders werden

Text und Musik: Christoph Lehmann
Aus: Fünf Brote und zwei Fische, 1977
Alle Rechte im tvd-Verlag, Düsseldorf

Auch in: Du, laß dich nicht verhärten, a.a.O., Nr. 92.

Wir haben den Text verändert:
Mein Gott, das muß anders werden, das gefällt uns nicht,
/: hilf uns *doch, frei zu werden,* mein Gott, erbarme dich.:/
(3 x!)
A: Ich hab da neulich auch so eine Geschichte gehört, da wars so ähnlich.

Die Geschichte vom Rotschopf
Dennis, Kati und Christoph spielen zusammen Ball. Sie hatten nur wenig Schulaufgaben zu erledigen und toben seit einer ganzen Weile auf dem Sportplatz herum. Daniel kommt hinzu und ruft von weitem: »Darf ich mitspielen?« – »Klar, du kannst der Torwart sein.« Dennis schießt mit seiner ganzen Kraft, aber Daniel hält. Plötzlich bemerken sie einen fremden Jungen mit roten Haaren. Er steht am Spielfeldrand und schaut interessiert zu. »He du, guck nicht so blöd. Hast wohl noch nie wen Ball spielen sehen?« ruft Dennis dem Jungen zu. »Mensch, hau ab! Wir brauchen keine Zuschauer!«, ruft Christoph. »Was willst du hier, du Rotschopf, du bist wohl aus Versehen in den Farbtopf gefallen,« motzt Kati.
Nun spielen Dennis, Kati, Christoph und Daniel weiter.
(Monika Knöchelmann)

W: Das finde ich aber ganz schön gemein von denen. Ihr würdet so was doch nie tun. Oder?
(Kinderreaktionen ...)
Wir singen: Mein Gott, das muß anders werden
W: Aber Erwachsene können manchmal auch genau so gemein sein wie Kinder. Da muß ich nur an Christoph denken:

Die Geschichte vom Abendessen
»Es wird gegessen, was auf den Tisch kommt!« sagt die Mutter, als Christoph seinen Fisch nicht mag. Er will noch etwas sagen. Aber sein Vater herrscht ihn gleich an: »Kinder haben zu schweigen, wenn Erwachsene sich unterhalten.« Da schweigt Christoph. Er träumt: Wenn ich einmal Kinder habe, dann frage ich sie, was sie essen möchten. Und sie dürfen mitreden, wenn ich mich mit anderen unterhalte. Christoph verdrückt eine Träne. Lustlos stochert er im Essen herum. »Marsch, ins Bett jetzt!« – Christoph schreckt aus seinem Traum auf. – »Und putz dir die Zähne!« – »Und wehe, ich erwische dich wieder beim Lesen im Bett!« »Aber ...« – »Keine Widerrede mehr, du ungezogenes Kind!«
Da geht Christoph ins Bett. Aber im Dunkeln bleibt er noch lange wach.
(Wolfgang Gerts)

Wir singen: Mein Gott, das muß anders werden
A: Das ist aber eine schlimme Geschichte, Kinder! Tu dies, tu das! Laß dies, laß das! Schweig still! Könntet ihr das aushalten? He, Mose! – Das ist übrigens mein Bruder Mose. – Sag mal, Mose, war das bei uns zu Hause auch so?
M. Na ja, ich kann inzwischen auch ganz gut kommandieren. Wißt ihr was, wir spielen das mal zusammen, dann wissen wir viel besser, wie's dem Christoph ergangen ist.
Wir spielen: Kommandos ausführen
Mose gibt allen Kindern Kommandos, die sie ausführen müssen: Lauft! – Hopp, hopp, hopp! – In die Kniebeuge! – Hüpfen! – Arme kreisen lassen! – Schneller! – Springen! – Hoch und runter! – In den Liegestütz! – Setzen! – Aufstehen! – Setzen! – Aufstehen! – usw.
Solange, bis die Kinder außer Puste sind.
Wanda hat mitgemacht und beginnt zu protestieren. *(Mose verschwindet aus dem Blickfeld.)*
W: Also nee, jetzt reichts. Kinder, das geht doch nicht so weiter: Wenn die Mädchen beim Sport unterdrückt werden, wenn die Rotschöpfe und so viele andere Kinder an den Rand gedrängt werden, wenn manche Eltern ihre Kinder so schlimm herumkommandieren, *da muß man doch was tun!*
Wanda und Aaron versuchen, Kinder herauszugreifen und ihnen konkret den Auftrag zu geben: Du gehst da ... hin und änderst was. *(Ziemlich massiv)*
Die Kinder werden eventuell reagieren:
»Warum ich?«
Es gibt auf jeden Fall Probleme.
Am Ende schließt sich folgender Dialog an.
A: Also, Wanda, es hilft alles nichts: du mußt das machen. Du gehst zu Christophs Eltern und geigst ihnen richtig die Meinung.
W: Waaas, ich? -

Aaron, du spinnst wohl. Das mach ich nicht. Das will ich nicht. Das tu ich nicht!
A: Aber, Wanda, so kann doch keinem geholfen werden.
W: Aaron, das macht doch keine, einfach so hingehen und sagen: hörense mal, das gehört sich aber nicht! Der wäre ja verrückt, der das tun würde. So einen gibts doch gar nicht.
A: Doch!
W: Doch?
A: Doch! Gibts!
W: Wen?
A: Mose!
W: Mose? Dein Bruder?
A: Genau! – Mose, mein Bruder. der hat sowas schon mal gemacht.
W: Och, ich bin gespannt! Erzähl doch mal, Aaron.

Die Geschichte von den Moseleuten, die Felsen schleppen mußten
A: Eigentlich waren wir ja ein Volk von Schafhirten. Mit unseren Schafen zogen wir durch die Gegend, und wo das Land gut war, da blieben wir.
W: Wart ihr auch mal zwischen Ebergötzen und Waake?
Im Hacketal gibts doch so schöne Weiden!
A: Nein, Wanda, das war in einem fremden Land, weit weit weg von hier! Als wir wieder einmal eine neue Weide für unsere Schafe suchten, kamen wir in das Land Ägypten. Da saßen Leute an der Grenze, die haben wir gefragt: dürfen wir mit unseren Schafen ins Land? Und die Männer an der Grenze haben Ja gesagt. Aber damit fing der Ärger an. Nach einiger Zeit kamen nämlich Ägypter zu uns, die sagten: Ihr müßt für uns arbeiten. Unser König, der Pharao, will neue Städte bauen, und dafür braucht er kräftige Männer. Aber wir müssen auf unsere Schafe aufpassen, antworteten wir. Das ist mir egal. Hundert Männer kommen sofort mit. Bevor sie uns mit ihren Peitschen schlugen, kamen wir lieber mit. Wenn wir da schon geahnt hätten, wie oft wir die Peitsche noch spüren sollten, hätten wir gleich versucht, reißaus zu nehmen. Aber so gingen wir erst mal mit. Die Arbeit war unglaublich schwer. Manche mußten in die Berge, um Felsen zu zerschlagen. Die nächsten mußten die Felsbrocken geradeklopfen, alle Seiten schön glatt. Die nächsten wieder mußten die schweren Felsblöcke zu den Städten schleppen, und die letzten sie zu Häusern zusammenbauen. Viele Ägypter beaufsichtigten unsere Arbeit. Wenn es nicht schnell genug ging, knallten die Peitschen, und sie schrieen: Schneller, schneller!
Wenn wir nach der Arbeit zusammensaßen, stöhnten wir vor Schmerzen. In unserer Verzweiflung schrieen wir zu Gott:
Wir singen: Mein Gott, das muß anders werden
W: Na und, hat Gott euch geholfen?
A: Nee, noch nicht gleich.

Dem ägyptischen König, dem Pharao, gingen die Arbeiten nicht schnell genug voran. Er hatte große Pläne. Deshalb schickte er noch einmal seine grausamsten Aufseher zu uns. Sie sollten noch hundert von uns holen. An dem Abend saßen wir wieder zusammen. Wir, die wir schon lange da waren, wollten von den neuen natürlich wissen, wie es bei unseren Familien und mit den Schafherden aussah. Was wir da hörten, war schlimm. Die Kinder schreien nach ihren Vätern, sagte einer. Und die Frauen weinen um ihre Männer, sagte ein anderer. Die Hälfte der Schafe mußten wir billig an die Ägypter verkaufen. Wir konnten die viele Arbeit alleine nicht mehr schaffen. Jetzt, wo wir auch noch weg sind, wird nichts mehr gehen. Ich weiß nicht, wovon unsere Frauen und Kinder noch leben sollen. Wenn die letzten Schafe verkauft sind, wird Hunger ausbrechen. Wir schrieen, wir weinten, wir beteten in unserem Kummer zu Gott.

Wir singen: Mein Gott, das muß anders werden

Einer sprach dann aus, was die meisten dachten: Wir müssen unsere Familien herholen. Es ist besser, wir leben von dem bißchen, was uns die Ägypter geben, als daß sie dort verhungern. Wir müssen dann eben in unseren kleinen Baracken zusammenrücken.

In derselben Nacht lief einer von uns zu den Familien zurück. Er mußte furchtbar aufpassen, daß er von keiner Wache erwischt wurde. Denn wenn einer versuchte wegzulaufen, wurde er schlimm verprügelt und ausgepeitscht. Viele hatten das versucht und bitter bezahlt. Aber heute schaffte es der Mann. Nach einigen Tagen kam der Zug mit den Frauen, Kindern und den letzten Schafen an. Als die Ägypter das sahen, spotteten sie: Na, was wollt ihr denn hier? Sucht ihr vielleicht Arbeit? Einer sagte: Was meint ihr, gibt es noch etwas für sie zu tun? Na klar, riefen die anderen, alle Männer zum Berg. Eure Freunde sind nicht schnell genug, los, wird's bald? Schneller! Oder wollt ihr gleich die Peitsche kennenlernen?

Die nächsten Tage waren dennoch fröhliche Tage. Alle freuten sich.

W: Warum *das* denn jetzt?

A: Na, die Kinder freuten sich, daß sie ihre Väter wiederhatten.

Die Frauen, weil sie ihre Männer wiedersahen. Und die Männer, weil sie nachts nicht mehr alleine schlafen mußten.

Doch auch die Sorgen wuchsen. Wir Männer mußten noch länger und noch schneller arbeiteten, damit wir auch für unsere Familien genug zu essen bekamen. Immer standen bei der Arbeit die Aufseher mit ihren Peitschen da und schlugen den Takt: Am Berg, wo wir Felsen herausschlagen mußten, ging es hopp und hopp und hopp und hopp.

Bei denen, die die Felsbrocken glattklopften, hieß es: hopp, hopp, hopp, hopp.

Diejenigen, die die Felsblöcke zu den Städten schleppten, hörten den ganzen Tag: hau-ruck, hau-ruck, hau-ruck.

Und denen, die die Häuser zusammenbauten, klang jeden Tag das: eins –

zwei – drei – hoch – eins – zwei – drei – hoch in den Ohren. Wir wußten: das halten wir nicht mehr lange aus. Da hatten wir von einem anderen Leben, einem anderen Land geträumt.
Erst jetzt hat uns Gott geholfen, Wanda. – Und damit sind wir bei Mose!
W: Ja, erzähl schnell weiter!
A: Nein, Wanda, das muß Mose selbst erzählen.
A + W: Mose Mose, wo bist du denn?
Kinder, helft mal rufen!
(Kinderreaktionen ...)
A: Er ist nicht da!
W: Wir müssen ihn suchen!
A: Und die Kinder?
W: Die Kinder? – Ich weiß, Kinder, wir gehen in unsere Gruppen und machen was, bis Mose wieder da ist.

Gruppenarbeit

Die einzelnen Aufgaben der Gruppenarbeit können zum Teil zwischen den Tagen und unter den Altersgruppen ausgetauscht werden. Darum werden wir die Gruppenarbeitsphasen nach dem 4. Tag gesondert und gemeinsam vorstellen. –

Andacht

Wir führen das Thema mit einer Fortsetzung der Geschichte weiter.
W: Hallo, Aaron, hast du Mose gefunden?
A: Ja, da ist er ... Nun komm doch schon ans Mikrofon! *(Mose ziert sich.)*
W: Mose, du bist *wirklich* zum Pharao gegangen und hast dich beschwert?
M: Ja, hab ich!
W: Nun, los doch, erzähl doch endlich mal!
M: Was? Vor so vielen Kindern?
W: Klar doch!
M: Ja, also, da war ein Dornbusch! Und Gott hat gesagt: Geh, Mose!
W: Ich versteh überhaupt nix, versteht ihr was, Kinder?
(Kinderreaktionen ...)
M: Ach, Aaron, erzähl du doch, du kannst das besser!

Die Geschichte von Mose, wie er seine Schuhe auszog
A: Na gut ..., also ..., mein Bruder Mose war mit seinen Schafen woanders hingezogen, in das Land Midian. Da hatte er geheiratet und noch eine ganze Menge Schafe dazugeerbt. Er war zufrieden. *Ihm* ging es gut. Eines Tages zog er mit seiner Herde zum Berg Horeb. Dort sah er etwas total Verrücktes: Ein Dornbusch brannte.
W: Na und? Was ist denn daran verrückt, wenn ein Dornbusch brennt?

A: Na ja, der Dornbusch brannte zwar, *ver*brannte aber nicht. Er blieb ganz. Mein neugieriger Bruder mußte sich das natürlich sofort ansehen. Plötzlich hörte er eine Stimme: Mose, Mose! – Mose sah sich um, aber er sah niemanden. Nochmal rief die Stimme: Mose, Mose!
Auf einmal merkte er, daß die Stimme aus dem brennenden Dornbusch kam. Mose ging näher heran. Die Stimme sagte: Zieh deine Schuhe aus, dies ist Gottes Land. Ich selber, Gott, bin es, der mit dir spricht. Da zog Mose seine Sandalen aus.
W: Hast du da nicht heiße Socken gekriegt, Mose?
M: Nee!
A: Und Gott sagte zu Mose: ich habe gesehen, wie schlecht es deinem Volk geht.
Hat er doch gesagt, Mose?
M: Genau, so war's.
A: Gott sagte, es muß jetzt jemand zum Pharao gehen und zu ihm sagen: Laß mein Volk gehen.
Wer soll das machen, fragte Mose. Das ist keine einfache Aufgabe. Der Pharao läßt unser Volk doch nicht ohne weiteres gehen.
Da wirst du keinen finden, Herr.
Doch, antwortete Gott. *Du* wirst gehen,Mose.
Waas, iiich? rief Mose aus, warum denn gerade ich?! Ich kann das nicht. Such dir einen anderen.
Doch, Mose, ich weiß, daß du das kannst.
Aber ich kann doch nicht reden!
Aaron wird mit dir gehen!
Endlich gab sich Mose geschlagen.
Na gut, ich wills versuchen. Aber meine Leute werden mich fragen, wer mich geschickt hat. Was soll ich dann sagen?
Sag, Jahwe hat dich geschickt.
Jahwe?
Ja, das heißt: ich bin für euch da. Ich gehe mit euch mit. Aber wo soll unser Volk denn hingehen?
Ich, Gott, will euch ein Land zeigen, ein Land, wo Milch und Honig fließt. Ein Land, wo keiner mehr Angst hat vor dem anderen.

Der Dornbusch-Tanz

Unsere Vorkonfirmanden tanzen nun einen vorbereiteten Tanz mit Spieltüchern. Sie animieren alle anderen zum mitmachen. Die »Tanzmusik« bestand aus den Melodien von:

1. A karawani
2. Du bist da, wo Menschen leben
3. Wir haben Gottes Spuren festgestellt.

2. Ukarawani Karawanum. Die Karawane zieht langsam herum. Im Wüstensand. Im fremden Land. Sie zieht herum. Ukarawani Karawanum.
3. Ukarawani Karawanei. Die Karawane zieht langsam herum. Im Wüstensand. Im fremden Land. Sie zieht herum. Ukarawani Karawanei.
4. Ukarawani Karawana. Die Karawane ist jetzt schon ganz nah. Im Wüstensand. Im fremden Land. Sie ist ganz nah. Ukarawani Karawana.
5. Ukarawani Karawana. Die Karawane ist jetzt endlich da. Im Wüstensand. Im fremden Land. Sie ist jetzt da. Ukarawani Karawana.
6. Ukarawani Karawanon. Die Karawane zieht langsam davon. Im Wüstensand. Im fremden Land. Sie zieht davon. Ukarawani Karawanon.

Text: Rolf Krenzer
Melodie: Peter Janssens
Aus: Josef zwischen Wohlstaat und Armewelt, 1980
Rechte im Peter Janssens Musik Verlag, Telgte

Text und Musik: Detlev Jöcker
Aus: MC und Liedheft »Das Liederbuch zum Umhängen 1«
Alle Rechte im Menschenkinder Verlag, Münster
Auch in: Du laß dich nicht verhärten, Nr. 71

2. Blühende Bäume haben wir gesehn, wo niemand sie vermutet, Sklaven, die durch das Wasser gehn, das die Herren überflutet.
Zeichen und Wunder sahen wir geschehn …
3. Bettler und Lahme sahen wir beim Tanz, hörten, wie Stumme sprachen, durch tote Fensterhöhlen kam ein Glanz Strahlen, die die Nacht durchbrachen.
Zeichen und Wunder sahen wir geschehn …

Französischer Originaltext: M. Scouarnec
Deutsche Übersetzung: Diethard Zils, Melodie: Jo Akepsimas
Aus: Für heute und morgen, Liederbuch 1, 1981
Rechte für Text und Musik im Verlag Editions Musicales, Paris
Rechte für die deutsche Übersetzung im tvd-Verlag GmbH, Düsseldorf
Auch in: Du, laß dich nicht verhärten, a.a.O., Nr. 213
Es lassen sich natürlich auch andere Kombinationen denken.

Maike Drude, Mitglied der Gruppe »Biblischer Tanz«, beschreibt den Aufbau des Tanzspieles:
Kurz eingeübt wurde der Tanz beim Konfirmandenunterricht mit 10 Konfirmandinnen und Konfirmanden. Jeder hat ein gelb-orange oder rotfarbenes Tuch um (Hals durch einen Einschnitt in der Mitte)
Grundstellung: Ein kleiner Kreis aus drei größeren Konfirmanden befindet sich auf den Knien liegend in der Mitte, wir anderen acht in der gleichen Stellung außen herum, Kopf zur Mitte.
Die Musik beginnt langsam.
Nach einer Weile beginnt der äußere Kreis sehr langsam und gleichmäßig sich zu erheben. Wir haben uns angefaßt. Oben legen wir die Handflächen (als kleine Flämmchen) aneinander auf (mit unseren Nachbarn) und recken uns ganz in die Höhe. Jetzt beginnt der innere Kreis sich zu erheben, der äußere Kreis geht langsam wieder herunter in die Grundstellung. Jetzt ist der innere Kreis ganz gestreckt. Langsam senkt er sich wieder. Es entsteht eine Auf- und Abbewegung. Dieser ganze Vorgang wird dreimal wiederholt. Wenn der innere Kreis sich zum dritten Male senkt, geht er *nicht* in die Grundposition zurück, sondern verbleibt in der Hocke. Der äußere Kreis beugt sich nun über den inneren Kreis, die Hände über den Köpfen der drei. Jetzt schießt der innere Kreis schnell nach oben, der äußere Kreis springt auseinander, Ausfallschritt nach hinten. Der innere Kreis geht wieder in die Hocke. Dies wiederholt sich zweimal.

Jetzt geht es wieder ganz von vorne los. Die Musik, die Auf- und Abbewegungen werden aber schneller.
Zuletzt bleiben beide Kreise oben und wiegen sich vom rechten auf den linken Fuß hin und her. In diesem Moment sollen die Kinder aufgefordert werden mitzumachen. Das heißt, sie gruppieren sich um die Tanzgruppe herum. Jedes Kind bekommt eine gelb- oder orangefarbene Papierserviette in die Hand, mit der es winken kann. Die Kreise in der Mitte bewegen sich nun bei schneller werdender Musik in entgegengesetzter Richtung im Kreis und springen schließlich. Die Kinder können, wenn sie wollen, die Bewegung aufnehmen. Der Tanz endet, wenn die Musikgruppe zu spielen aufhört.
Im letzten Teil könnten auch die Mitglieder der Tanzgruppe sich unter die anderen Kinder mischen.
So oder anders: Es macht sicher auch Spaß ein eigenes Konzept für einen »Dornbusch-Tanz« zu finden.
Als Hinweis, der aber in unserer konkreten Vorbereitung keine Rolle gespielt hat, weisen wir hin auf:
»Der Dornbusch brennt« in »Wachsen wie ein Baum«, Stuttgart 1982, 207ff. und Kassette: Lobet den Herrn, von Joschi Jonathan Ball, Bezug über: Christian Ball, Kaiserstraße 129, 76133 Karlsruhe

Mitarbeiter sprechen ein selbst formuliertes

»Freies Gebet«

Wir singen: das Vaterunser-Lied

Text: Liturgie; Melodie: Peter Janssens

Aus: Der Herr ist mein Sinn – Nie werde ich funktionieren, 1977

Alle Rechte im Peter Janssens Musik Verlag, Telgte-Westfalen

Auch in: Du, laß dich nicht verhärten, a.a.O., Nr. 53

Einladung zum folgenden Tag

A: Wanda, kommst du morgen wieder?
W: Na, heute war's ja ganz schön, aber eigentlich dachte ich, wir würden auch mal wandern. Nicht wahr, Kinder, wozu heiße ich schließlich Wanda Wegerich?!
A: Machen wir doch, Wanda; ich verspreche dir: wir wandern ganz bestimmt. Und wißt ihr was, Kinder: Jeder von euch darf etwas mitbringen, was er auf eine Reise unbedingt mitnehmen möchte: Wißt ihr schon, was ihr mitbringen könntet, Kinder?
(Kinderreaktionen ...)
Ja, aber nur *einen einzigen* Gegenstand dürft ihr euch aussuchen und auf unserer Reise mitnehmen. Aber Wanda, ich habe jetzt ganz schönen Kohldampf. Ich glaube, wir essen jetzt was zusammen!

Gemeinsames Essen

Aaronitischer Segen

Gemeinsam aufräumen

Erfahrungen am ersten Tag:
Wir hatten die KIBIWO auf 70-80 Kinder konzipiert. In den letzten beiden Tagen vorher wurden wir von einer Lawine von Anmeldungen überrollt: Schließlich waren es um die Hälfte mehr als erwartet. – Wir sind mit der Situation nicht fertiggeworden. Alle Mitarbeiter waren in hektischer Stimmung. Es wurden sicherlich viele Fehler gemacht, auf die wir hier nicht hinweisen können. Es rächte sich nun, daß nicht jede Minute einzeln voll durchdacht und durchgeplant wurde. Es gab viel Leerlauf und Unruhe.
Die Konsequenz war für uns zu spüren. In den folgenden Tagen gab es – glücklicherweise aber konstant – 30 Kinder weniger.
Es wäre sehr wichtig, daß sich alle sprechenden Mitarbeiter an ihre Konzepte halten, da sonst für die Kinder große Irritationen entstehen: eine Abweichung ergibt die nächste, und wenn man das Improvisieren nicht gelernt hat, entsteht so eine unangenehme Situation nach der anderen.
Wir hatten Probleme mit der Lautsprecher- und Übertragungsanlage. Und es ist einfach schlecht, wenn diese Probleme erst langsam im Laufe eins KIBIWO-Tages überwunden werden.
Aber *soo* schlecht war der erste Tag nun auch wieder nicht.

Der zweite Tag
... wo wir in Freiheit leben können ...

Einsingen:

u.a.
Laßt uns gehn in unser Land
Wo ich gehe, wo ich stehe
Auf denn, Mose

Text: Mündlich überliefert; Melodie: Jörg Homann, Rechte beim Autor

Aus: Du, laß dich nicht verhärten, a.a.O., Nr. 62

Wir begrüßen die Kinder

(Wanda spaziert in voller Reisemontur durch die Reihen, pfeift und singt: A karawani ...)
W: Hallo, Kinder, freut ihr euch auch aufs Wandern?
(pfeift weiter ...)
M: Mööönsch, Aaron, kennst du das Lied?
A: Hmmmm, Mose, das erinnert mich an was ...
Haben wir das nicht immer auf unserer Wanderung gesungen?
(M + A summen mit)
(Instrumente setzen ein, leise, Kinder zum Mitsingen animieren)
W: Sagt mal, da sind doch welche heute zum ersten Mal da.
Wer ist denn heute zum ersten Mal dabei?
(Kinderreaktionen ...)
Find ich prima, ich hab mich schon den ganzen Morgen auf heute nachmittag gefreut!
Habt ihr alle was für die Reise mitgebracht?
(Kinderreaktionen ...)

Zeig doch mal her!
(Wanda geht durch die Reihen, staunt und beschreibt laut, was sie sieht. Sie läßt sich von den Kindern erklären, was sie mitgebracht haben.)
Hast du auch was mit, Mose?
(M. zeigt den Stab.)
W: Warum einen Knüppel? – Du hast wohl wieder Angst vor den vielen Kindern? Und du, Aaron?
(A. zeigt seinen Walkman.)
W: Was gibts denn da zu hören:
A: Och, sie spielen gerade: a karawani ...
(drückt Kopfhörer des walkmans an das Mikro.)
Wir singen: a karawani
W: Also, Mose, wir sind bereit. Erzähl uns doch, wie das mit eurer Wanderung war.
M: Wieso i c h ?
Ich habe doch gestern schon die ganze Zeit erzählt!
A: Quatsch! – Fast nichts hast du gesagt, dabei bist du doch die Hauptperson hier! Ohne dich wäre doch alles gar nicht so gekommen. Mit dem Pharao und so.
W: Sag mal, spinne ich?
Alle Kinder: Jaaaaaaa!
W: Wovon redet ihr eigentlich? Was ist passiert mit dem Pharao und überhaupt? Los, Mose, erzähl schon!
M: Ich trau mich nicht!
W: Wieso nicht?
M: Die vielen Kinder!
W: Gut, dann gehen wir alle raus!
A: Halt, nein, das geht nicht! Dann erzähl ich eben.

Die Geschichte, wie Moses Leute alles stehen und liegen lassen

Na gut! – Singen wir erst mal was!
Wir singen: Auf denn, Mose

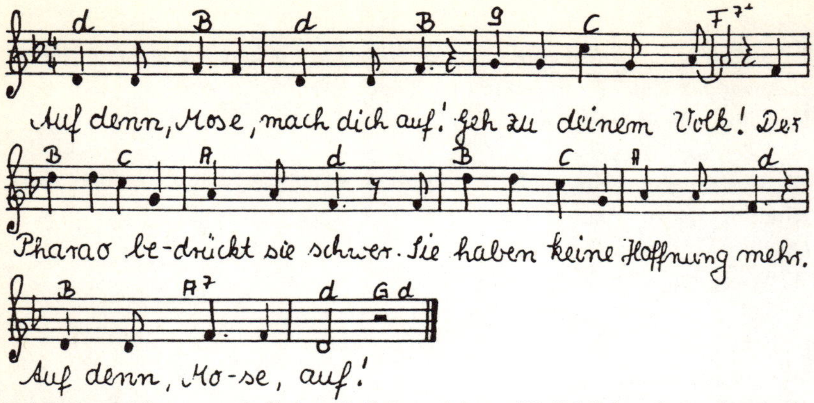

2. Auf denn,Mose, mach dich auf! Geh zu deinem Volk! Schon lange beten sie zu mir: Wir wollen endlich fort von hier! – Auf denn, Mose, auf!
3. Auf denn ... Ich nehme euch an meine Hand und zeige euch ein neues Land. Auf denn ...
4. Auf denn, Kinder, macht euch auf! Geht in unsre Welt. Die andern brauchen euern Mut, denn euer Mut tut allen gut. Auf denn, Kinder, auf!
5. Auf denn, Kinder, macht euch auf! Geht in eure Welt! Ich nehme euch an meine Hand und zeige euch ein neues Land. Auf denn, Kinder, auf!

Text und Melodie: Klaus Grünwaldt und Wolfgang Gerts
Aus: Du, laß dich nicht verhärten, a.a.O., Nr. 25

Mose kam eines Tages bei uns in Ägypten an. Wir fragten ihn, was machst du denn hier? Mose antwortete: Jahwe schickt mich.
W: Jahwe?
A: Ja, unser Gott, der mit dem Namen: Ich bin für euch da.
Mose erzählte uns, wie Jahwe ihm im Dornbusch begegnet ist und daß er dem Pharao sagen sollte, laß mein Volk weggehen von hier. Wir waren ganz schön baff. Aber nun waren wir voller Hoffnung. Mose ging wirklich los. Doch er kam mit schlechten Nachrichten vom Pharao zurück. Wir durften nicht gehen. Da schickte Gott eine Plage über Ägypten. Er machte das Wasser im Land ungenießbar. Viele Tage lang ging Mose zum Pharao und forderte ihn auf, unser Volk gehen zu lassen. Aber jedesmal sagte der Pharao: Nein, ihr bleibt hier! Und jedesmal schickte Gott eine Plage über die Ägypter. Nach der letzten Plage, der schlimmsten, ließ der Pharao mich zu sich kommen. Wir waren ganz schön gespannt. Können wir endlich aus diesem schrecklichen Land verschwinden? Jetzt standen wir vor seiner Tür und klopften an. Herein, schrie er, und wir traten ein. Was willst du von uns, fragte Mose. Was will ich wohl? Ich kann euch nicht mehr ertragen in meinem Land. Euer Gott richtet zu viel Schaden bei uns an. Haut ab, aber dalli.
Endlich!

Wir hatten erreicht, wovon wir so lange geträumt hatten. Schnell liefen wir nach Hause und sagten allen, daß sie sich sofort fertigmachen sollen, bevor es sich der Pharao noch anders überlegen würde. Da sagte Gott zu uns: Ehe ihr loszieht, sollt ihr euch aber noch einmal zusammensetzen und miteinander essen.
Schnell machten wir uns fertig zum Aufbruch. Als wir denn zum Essen zusammensaßen, war das schon etwas komisch. Sicher, es war uns in Ägypten schlecht ergangen. Aber unsere Baracken sind auch irgendwie unser Zuhause geworden. Besonders für die Kinder war es schwer zu verstehen, daß wir wegwollten. Sie bekamen ja von der Unterdrückung durch die Ägypter kaum etwas mit. Sie konnten spielen und waren ganz zufrieden. Und jetzt sollten sie das alles zurücklassen? Den Fluß mit dem schönen weichen Sand am Ufer, die kleinen Steinhäuschen, die sie sich gebaut hatten, die schöne Spielecke in der Baracke, das gemütliche Bett und auch die ägyptischen Kinder, mit denen sie natürlich immer heimlich gespielt hatten, obwohl es alle verboten hatten. Auch wir mußten viel zurücklassen, denn alles konnten wir ja nicht mitnehmen. Nur, was uns ganz wichtig und ganz lieb war, durften wir einpacken. Sonst wäre das Gepäck ja zu schwer geworden. Mit diesen Gedanken saßen wir beim Essen. Als wir fertig waren, stimmte jemand als Zeichen zum Aufbruch unser Lieblingslied an.

Wir singen: Laßt uns gehn in unser Land

2. Laßt uns gehn in unser Land, wo wir die Wahrheit sagen können! Ist nicht weit, das schöne Land, wo wir die Wahrheit sagen können.
3. ... wo jeder gute Freunde findet ...
4. ... wo wir wie Brüder alles teilen ...
5. ... wo wir wie Schwestern alles teilen ... (von uns eingefügt)
6. ... wo wir einander gut verstehen ...
7. ... wo Große nicht die Kleinen schrecken ...
8. ... wo wir in Frieden leben können ...

Text: Peter Horst, Ludwig Keller
Musik: Ludwig Keller
© Strube Verlag, München

Auch in: Du, laß dich nicht verhärten, a.a.O., Nr. 187

Evtl. auch noch: Akarawani, mit Bewegungen

Gruppenarbeit

Bisher haben wir noch nicht versucht, eine Ebene einzubringen, die unsere biblische Geschichte mit Kindererfahrungen verknüpft. Unter dem Stichwort »Aufbruchsituationen« sind den Mitarbeitern typische Erfahrungen von Kindern eingefallen, die die Spannung von Aufbruch – Ängsten – Hoffnungen wiedergeben. Wir haben sie in drei Geschichten gefaßt, die von einem Umzug, einer ersten Klassenfahrt und der Einschulung handeln. Jeder Gruppenleiter soll selbst entscheiden, welche (wieviele) von diesen Geschichten er einbringt.

Andacht

W: Huh, bei diesen Geschichten kann man ja eine Gänsehaut kriegen. Also am liebsten möchte ich immer bleiben, wo ich bin. Keine Klassenfahrt. Keine neue Schule. Und Umziehen erst recht nicht.
M: Wir sind auch umgezogen.
W: Na ja, Mose, bei euch ist das ja was anderes gewesen.
M: Nee, wieso?
W: Na ja, vielleicht hast du recht. Wenn ein Kind in eine neue Schule kommt, dann ist alles so fremd, so riesengroß, so neu, aber vielleicht wird's dann doch gar nicht so schlimm.
M: Eben!

(An dieser Stelle hatten wir vor, die Geschichte vom Scheinriesen TUR-TUR nachzuerzählen. Wegen der Fülle an Texten haben wir es dann doch unterlassen. Diese Nacherzählung können Sie wiederfinden in: Religion spielen und erzählen, Gütersloh 1992, Nr. 68)

A: Du meinst, Wanda, daß das bei uns auch so ist? Aber nachher ist es vielleicht doch gar nicht so schrecklich?
W: Genau!
M: Wie auf unserer Wüstenwanderung.
A: Red nicht so lange, Mose, Ich finde jetzt machen wir alle erst mal eine schöne Wanderung, damit wir das auch merken, wie das ist, und damit Wanda Wegerich zu ihrem Recht kommt.
Die Kapelle stimmt A karawani an. Langsam setzt sich eine Polonaise in Bewegung. Durchs ganze Haus, ums Haus herum, in Schlangen und Kreisen, evtl. mit Hindernissen. Am Ende versperren wir mit einem Riesenspieltuch den Weg der Kinder. Sie sammeln sich, wir spannen das Spieltuch über sie aus und erzählen in dieser Atmosphäre eines Zeltes die Fortsetzung der Geschichte.
A: Nach dem Essen brachen wir auf. Das heißt, wir *wollten* aufbrechen, aber wir wußten ja gar nicht, wo es langgehen sollte. Gott hatte zu Mose ja nur gesagt: Ich will euch ein Land zeigen, wo ihr in Freiheit leben könnt. Aber wo

dieses Land war, das wußte keiner von uns. Unsere Leute, zum Aufbruch bereit, fingen an, unruhig zu werden. Sie riefen: Nun los, Mose und Aaron, ihr seid unsere Anführer. Zeigt uns jetzt, wo's langgehen soll.
Da antwortete Mose: Geduld! Ich weiß, daß Gott uns ein Zeichen geben wird. Er heißt ja schließlich: Jahwe – ich bin für euch da! – Das war mutig von Mose, denn es war ja stockfinstere Nacht. Er ging einfach mit uns los. Plötzlich erkannten wir gar nicht weit vor uns ein Feuer. Was brennt denn da, dachten wir. Das Feuer war hoch oben in der Luft. Es war geformt wie eine lange Säule. Sofort rief Mose: Diese Feuersäule ist unser Zeichen von Gott. Ihr müssen wir nachgehen. Gott will diesen Weg mit uns gehen. Und tatsächlich: die Feuersäule bewegte sich. Die ganze Nacht zog sie vor uns her und zeigte uns einen sicheren Weg. Als es Tag wurde, verwandelte sie sich in eine Wolkensäule und führte uns weiter durch das Land. Nach einigen Tagen kamen wir zu einem großen Meer. Das Ufer war mit Schilf bedeckt. Dort machten wir erst einmal Rast. Denn die letzten Tage waren doch sehr anstrengend gewesen. Ich wußte jetzt nicht mehr, wohin wir weiterziehen sollten. Vor uns war Wasser. Rechts von uns war Wasser. Links von uns lag Ägypten. Plötzlich sahen wir von weitem Staubwolken. Das sind die Ägypter mit ihren Kampfwagen, rief einer. Da fingen alle an zu schreien. Warum sind wir aus Ägypten weggelaufen? Jetzt müssen wir hier sterben. Wir hätten dableiben sollen. In Ägypten haben wir wenigstens gelebt. Da wurde Mose böse und rief: Seid still! Was klagt ihr? Glaubt ihr nicht an unseren Gott mit dem Namen: ich bin für euch da? Er wird uns helfen. Packt eure Sachen! – Da stellte sich die Wolkensäule rechts vor uns zum Meer. Ihr werdet nicht glauben, was dann passierte. Die Wolkensäule zog zum Ende unseres Zuges. Mose hob seinen Stab. Und das Meer öffnete sich vor uns. Einen ganzen Tag und eine ganze Nacht zogen wir durch das Meer. Rechts von uns Wasser, links von uns Wasser. Und keiner von uns bekam auch nur einen nassen Fuß. Auch die Ägypter nahmen den Weg durch das Meer. Sie kamen näher und näher, denn sie hatten ja Pferdewagen. Als wir am anderen Ufer angekommen waren, hob Mose wieder seinen Stab zum Meer hin, und das Meer brach über den Ägyptern zusammen. Mit Gottes Hilfe wurden wir zum zweiten Male von den Ägyptern befreit. Er war wirklich für uns da. Unsere Schwester Miriam fing plötzlich an zu singen: Laßt uns Jahwe singen, denn er hat eine herrliche Tat getan. Er hat uns vor den Ägyptern bewahrt. – Nach kurzer Zeit sang und tanzte das ganze Volk.

Wir singen: Wir singen vor Freude
Evtl.: Laßt uns gehen

Freies Gebet

Vaterunser-Lied

Ansage: Nächsten Tag etwas zum Teilen, zum Essen mitbringen.

Gemeinsames Essen

Aaronitischer Segen

Gemeinsam aufräumen

Der dritte Tag
... wo wir wie Schwestern und Brüder alles teilen ...

Am Eingang sammeln wir die mitgebrachten Speisen ein: Wir brauchen Körbe, Decken, evtl. eine Kerze. Während der nächsten Zeit sortieren schon einige Mitarbeiter das Essen in soviel Körbe, wie sich später beim Essen Gruppen bilden sollen.

Einsingen:

Auf denn, Mose
Wir singen vor Freude

2. Wir springen vor Freude ... Hier springt einer ...
3. Wir klatschen vor Freude ... Hier klatscht einer ...
4. Wir schnipsen vor Freude ...
5. Wir lachen vor Freude ...
6. Wir trampeln vor Freude ...
7. Wir tanzen vor Freude ...
8. Wir tanzen vor Freude ...
9. Wir tanzen vor Freude ...

Text: Eckart Bücken, Melodie: Peter Janssens
Aus: So kann das Spiel beginnen, 1973
Alle Rechte im Peter Janssens Musik Verlag, Telgte

Auch in: Du, laß dich nicht verhärten, a.a.O., Nr. 59

Wo ich gehe, wo ich stehe
zuletzt: Laßt uns gehn in unser Land, wo wir wie Brüder (Schwestern) alles teilen.

Wir begrüßen die Kinder

W: (hat sich unter die Kinder gemischt) Was hast du denn mitgebracht?
(... Kinderreaktionen)
Krieg ich von dir was ab?
(... Kinderreaktionen ...)
Ich hab lieber was behalten, seht mal. Wer weiß, ob sonst noch was bleibt für mich. Ich kann schließlich nicht so gut drängeln wie große Jungs, und boxen kann ich auch nicht so gut. Kannst du boxen?
(... Kinderreaktionen)
Abgeben finde ich sowieso doof!
Da kann doch lieber jeder essen, was er mitgebracht hat.
A: Waaanda! Wir wollen jetzt anfangen. Was erzählst du denen da unten eigentlich?
W: (zu Aaron) Mir paßt das hier alles nicht mehr. Ich hab mich ja auf unsere Wanderung heute gefreut, aber wenn ich gewußt hätte, daß man dabei förmlich verhungern kann, wäre ich heute nicht gekommen. So!
A: Aber Wanda, wir wollen doch alles teilen!
W: Glaubst du etwa, daß *du* was abkriegst? Bis du mit deinem langen Gewand da oben runter bist, ist alles aufgegessen. Ich bleibe jedenfalls hier unten. Da hab ich 'ne gute Startposition, wenn das Essen kommt.
A: Also, das Essen gibts noch lange nicht. Weißt du was, Wanda? Du bist haargenau so wie die Leute, von denen ich sowieso gerade erzählen wollte. Die haben nämlich auch so gemeckert wie du. Stimmts, Mose?
M: Genau, so war's.
W: Waaas, das weiß ich ja noch gar nicht! Hatten die auch Angst, daß sie zu wenig abkriegen, so, wie ich, Mose?
M: Genau! *(tippt Aaron auf die Schulter)* Heute erzählst du aber!

Die Geschichte, wie Moses Leute meckern und dann in der Sandwüste Manna finden
A: Gestern haben wir am Ufer des Schilfmeeres unsere Befreiung von den Ägyptern gefeiert. Dann gings weiter – und zwar in die Wüste. Vor uns Sand, hinter uns Sand, rechts Sand, links Sand, überall Sand, nur nicht von oben. Denn von da knallte die Sonne glühend heiß auf uns runter. Und wie das so ist, wenn es heiß ist und man rumlaufen muß: man bekommt Durst. Leider konnten wir nicht genug Wasser mitnehmen aus Ägypten. Deshalb hatten wir keins

mehr. Da fingen die ersten an zu meckern: *Mann,* ist das weit. Und ist das heiß. Was haben wir für einen Durst. Gibts denn hier kein Wasser? Mose, wann gibt's denn endlich was zu trinken. Die Wüste hört wohl nie auf. Bald verdursten wir alle. Sterben hätten wir auch in Ägypten können, und da hatten wir wenigstens immer einen Topf voll Fleisch im Hause. – Zwei Tage ging das so. Dann platzte Mose der Kragen.

M: HMM, und *wie!*

A: Mose sagte zu ihnen: Ihr meint, ihr meckert gegen mich. Wißt ihr denn nicht, daß ihr gegen Gott murrt? Ihr seht doch immer die Wolkensäule oder Feuersäule. *Er* führt uns. Habt ihr vergessen, wie Gott heißt: Jahwe, ich bin für euch da, heißt er.

W: Wieso sagst du das immer, der heißt doch *Gott.*

A: Das hat er doch dem Mose am Dornbusch gesagt: Ich *bin* Gott, aber ich *heiße* für euch: Ich bin für euch da, damit ihr euch sicher seid, daß ich mit euch mitgehe.

W: Aaah, jetzt weiß ich: Wo ich gehe, wo ich stehe, bist du lieber Gott bei mir:

Kapelle: Kennen wir doch! Ist'n Lied. Paßt auf!

Wir singen: Wo ich gehe, wo ich stehe

A: Ihr bringt mich ganz raus. Mose hat jedenfalls gesagt: Ihr meckert gegen mich. Wißt ihr nicht, daß ihr gegen Gott murrt? Er wird euch ganz bestimmt helfen. Jetzt haltet endlich die Klappe.

W: Waas, das hast du *alles* gesagt? – Ist ja ein ganzer Roman gewesen.

M: Hab ich!

W: So, wie Aaron das erzählt hat?

M: Genau, so!

W: Ja, und hat euch Gott geholfen?

M: Wart's ab, bis ich weitererzählt habe. Ich muß beim Erzählen auch mal zwischendurch Luft holen.

W: Na gut, dann machen wir jetzt mal eine lange Gruppenarbeit, bis du Luft geholt hast.

Gruppenarbeit

Im Plenum geht Wanda auf Erlebnisse in den Gruppen ein. *Sie sagt:* Also wir in unserer Gruppe haben so viele Beschwerden gehört, das ist wirklich schlimm, was alles nicht in Ordnung ist. Mir fällt dazu gleich wieder eine richtige Geschichte ein.

Die Geschichte, wie Kati nicht mehr ganz, aber doch noch ein bißchen Windpocken hat

(Diese Geschichte wurde von Kati (Kati) und Holger (Pappa) gespielt. Wanda übernahm die Funktion des Erzählers.)

W: Kati hat Windpocken. Zwei Wochen liegt sie schon im Bett. Aber der Arzt hat gesagt: Montag kannst du vielleicht wieder zur Schule. Heute ist erst Freitag. Und bis Montag ist es noch sooo lang ...
Kati: Pappa, komm mal her, guck mal, da draußen spielen die ganzen anderen Kinder. Kann ich nicht auch raus zum Spielen gehen? Mir gehts doch schon wieder so gut!
Holger: Aber Kati, auch wenn's dir wieder besser geht, bist du noch nicht richtig gesund! Du hast doch noch überall die roten Flecken. Erst, wenn die weg sind, darfst du wieder raus. Das dauert bestimmt nicht mehr lange, Kind. Montag sehen wir weiter.
W: Kati ballt ihre Fäuste. Sie wirft sich lang auf den Bauch und zieht das Kopfkissen über den Kopf. Zu sehen ist nichts mehr von ihr, nur noch zu hören ... Dann richtet sie sich auf.
Kati: Ich will aber nicht mehr warten! Ich will jetzt runter zum Spielen. Mit ist *sooo* schrecklich langweilig. Ich hab schon alle Puzzles, die ich habe, gemacht. Und außerdem darf Thomas auch schon wieder draußen spielen. Siehst du ihn dahinten? Der hat doch auch die Windpocken gehabt.
W: Katis Vater runzelt die Stirne. Dann setzt er sich an ihre Bettkante. Er sagt:
Holger: Sieh mal, Kind. Der Thomas hatte die Windpocken bestimmt nicht so doll wie du. Wenn du jetzt rausgehst zu den anderen Kindern, dann kannst du sie alle anstecken. Und dann müssen sie auch alle im Bett liegen wie du jetzt und sich langweilen. Das willst du doch bestimmt nicht, oder?
Kati: Doch! Warum sollen sie es besser haben als ich. Oh, ich weiß! Ich stecke sie alle an, und wir machen eine Riesen-Bett-Fete *mit Kissenschlacht!*
Holger: KATI!
Kati: Nee, natürlich nicht, Pappi, aber ich weiß trotzdem nicht, was ich jetzt machen soll.
Holger: Weißt du was, dann spielen wir beiden jetzt was zusammen.
Kati: Au fein, Pappi, was denn?
(Holger Heise)

W: Naja, da war bei Kati erst mal Schluß mit meckern. Aber nicht lange: Eine Woche später ging's dann noch mal los. Kati war wieder kerngesund. Da sitzen Vater, Mutter, Kati und Christoph im Auto, und dann ... aber halt, Kinder, ich rede zu viel. Das erzähl ich euch gleich weiter. Jetzt spielen wir erst mal was!

Das Atomspiel

Alle Kinder gehen jedes für sich durch den Raum. Zwischendurch ertönen Anweisungen, wie sich die Kinder gruppieren sollen. Zuerst in zahlenmäßig gleichen Gruppen: zu zweit, zu acht, zu sechszehnt usw. Dann: alle mit der gleichen Schuhfarbe/Pulloverfarbe, alle Jungen, alle Mädchen, alle mit langen

Haaren. Es können auch Aufgaben verteilt werden: Tanzt einen Reigen miteinander; baut euch zu einem Haus; nehmt einen von euch hoch und schwingt ihn hin und her ...
Mit der letzten Aufgabe wollen wir Gruppen für die folgende Geschichte bilden. Die Kinder schließen sich zu viert zusammen und füllen jeweils ein imaginäres Auto, Vater, Mutter, Kati, Christoph ...
In die folgende Erzählung werden Kurven, Gespräche, Elemente eingebaut, die sowohl alle vier als auch jeweils die Einzelnen in Bewegung bringen. Hier wird nur in knappster Form das Grundgerüst wiedergegeben:

Die Geschichte, wie Kati und Christoph ganz fürchterlich nervig wurden
Vater, Mutter, Kati und Christoph sitzen im Auto. Sie sind auf dem Weg in den Urlaub. Vater pfeift ein Liedchen. Du, Kati? sagt Christoph, wir sind doch sicher gleich in Dänemark. Gleich in Dänemark, du bist ja lustig, grinst Kati. Daß ich nicht lache! Man, wir fahren gleich erst durch den Elbtunnel. Wir müssen noch sooo lang fahren, stimmts, Vati? Der Vater stimmt ihr pfeifend zu. Genau, erst der Elbtunnel, dann kommt Flensburg, dänische Grenze, und dann sind es nur noch zweihundert Kilometer bis zu unserem Häuschen. Toll, nicht? – Toll? stöhnt Kati, ich krieg einen Anfall. Noch sooo weit! Wann werden wir denn dasein? – Die Mutter versucht, Kati zu beschwichtigen. Wir haben doch gestern alles besprochen und erklärt, daß wir zum Mittagessen am Ziel sind. Christoph ist nicht zufrieden. Ich will aber, daß wir gleich da sind, quengelt er. Wir fahren schon die ganze Nacht. Du hast gestern gesagt, wenn es hell wird, sind wir bald da. Jetzt ist es hell, und wir sind noch nicht da. Außerdem muß ich pinkeln. Kati und ich können nicht mehr sitzen. Hunger haben wir auch. *Wir haben Hunger,* Hunger, Hunger, haben Hunger, Hunger, Hunger ... Sie singen, bis sich die Mutter die Ohren zuhält. Längst schon hat der Vater aufgehört zu pfeifen. Kinder, was seid ihr nervig! schreit er. Ihr macht mich ja ganz verrückt. Ich muß mich schließlich auf den Verkehr konzentrieren. Der Urlaub fängt ja gut an. – Plötzlich hat die Mutter eine Idee. Wißt ihr was? Kurz hinter Hamburg gibts eine tolle Raststätte. Da machen wir Pause und frühstücken erst mal richtig. Dann könnt ihr auch eure Spiele und Bücher aus dem Kofferraum holen. Es wäre doch gelacht,wenn wir die paar Stunden nicht auch noch überstehen würden.
(Ulrike Abel-Tornow)

A: Also, wenn ihr jetzt wieder eine Geschichte nach der anderen erzählt, werde ich gar nicht fertig mit meiner! – Bei uns war es jedenfalls auch so. Die Leute meckerten. Meckerten wie Wanda. Meckerten wie Kati. Meckerten wie Christoph.
Nicht wahr, Mose?

M: Genau, so war's.
A: Also, sie meckerten, weil sie Durst hatten. Als am nächsten Tag die Sonne aufging, sahen wir von weitem Palmen. Wer sich wie ihr in der Wüste auskennt, der weiß natürlich: Wo Palmen sind, da ist auch Wasser. Wir also nichts wie hin. Und tatsächlich: Da war ein See, wo von unten Wasser reinkam, wie die Rhumequelle. Und die Leute stürzten sich drauf. Klar, bei dem Durst! Aber als der erst getrunken hatte, schrie er: Pfui Teufel! Bitter! Bah! – Mose, komm her, willst du uns vergiften? Mose sagte: Warts ab!, nahm ein Stück Holz und warf's ins Wasser und meinte dann: Probier nochmal. – Nee, ich nicht, sagte der Mann. Aber ich! rief ein anderer und stürzte sich ans Ufer. Und tatsächlich: das Wasser war gut.
W: Geht denn das? Kann ich auch ein Stück Holz nehmen und das in den Seeburger See schmeißen, und dann ist er wieder sauber?
M: Nee, kannste nich! Das war ein Wunder.
A: Das Wasser war wirklich gut, und als wir alle unseren Durst gestillt hatten und die Kanister voll waren, gings weiter.
W: Aah, schön, wenns weitergeht. WANDERN! A Karawani ...
Die Kapelle spielt: A karawani
Wir singen: A karawani
Die Kinder stehen auf dabei, während gesungen wird, mischen sich die Mitarbeiter unter die Kinder, außer Aaron.
A: Ja, dann ging's weiter. Aber, was auch weiterging, war die Meckerei!
Jetzt rufen die Mitarbeiter nacheinander:
– Wann sind wir denn da?
– Dauert es noch lange?
– Wann gibts denn wieder was zu Essen?
– Wir haben Hunger!
– Genau!
– Wären wir doch in Ägypten geblieben!
– Da hatten wir immer zu essen!
– Und unsere Fleischtöpfe!
– Und immer dieser Sand!
– Da wird man ja verrückt!
A: Vor allem die Kinder stöhnten:
– Mammi, meine Füße tun weh!
– Ich kann nicht mehr!
– Pappi, mach, daß wir bald da sind!
– Pappi, trag mich!
– Ich will mal wieder spielen!
– Mose! Du und Aaron, ihr seid unsere Anführer! Führt uns raus aus diesem Elend!

A: Aber Mose zeigte auf die Wolkensäule und antwortete: Kapiert doch endlich, daß Gott unser Anführer ist. Jahwe wird für uns dasein, wie sein Name sagt. Am Abend schlugen wir unser Zelt auf. *(Kinder formieren sich zu »Zeltgruppen«.)* Am nächsten Morgen wurde plötzlich der Himmel dunkel, als wäre es finstere Nacht. Was ist das? fragten alle. Und einer rief: das sind kleine Vögel! Wachteln! Nach kurzer Zeit war rings um unseren Lagerplatz alles voll von Wachteln, weil sie sich zur Rast gesetzt hatten. Die Wachteln sind schrecklich lahme Vögel. Wir konnten einfach hingehen und sie mit bloßen Händen fangen. Kinder, war das ein leckeres Abendbrot! *(Die Mitarbeiter werfen viele Luftballons unter die Kinder – die Kinder greifen sie sich und spielen eine Weile mit ihnen.)*
Wir hatten lange nicht mehr so was Tolles gegessen. Alle waren zufrieden. Aber das Dollste war der nächste Morgen. In der Nacht muß es feucht gewesen sein, denn der Boden war mit Tau bedeckt. Als der Tau weg war, sahen wir kleine runde milchig-weiße Dinger auf dem Boden liegen. Was ist denn das? riefen alle.
M: Könnt ihr essen. Das ist Manna!
A: Ich probierte und es schmeckte wie Weißbrot mit Honig. Echt. Müßt ihr glauben! Wie Weißbrot mit Honig! Es war so viel, daß wir gar nicht alles aufessen konnten. Die Kinder schlugen sich so den Bauch voll, daß sie Bauchweh bekamen.
W: Oh, ich hab so'nen Hunger! Können wir nicht auch was essen?
M: Wart's ab!
A: Den Rest wollten alle einpacken.
M: Braucht ihr nicht einpacken. Gibts jetzt jeden Tag!
A: Außerdem hält es sich nicht. Es wird schlecht und stinkt ... Aber die Leute glaubten uns nicht. Als es mittags heißer wurde, stank es überall in der Karawane. Mose hatte recht behalten. Da warfen sie schnell den Rest vom Manna weg. Und es gab jetzt wirklich jeden Morgen genug davon. Und Wasser gab es auch immer, wenn wir es brauchten.
M: Genau, so war's!
W: Toll, so hätt ich's auch gern!

Freies Gebet

Vaterunserlied

Ansage: Am nächsten Tag sollen alle etwas zum Verkleiden mitbringen!

Gemeinsames Essen

Segen

Gemeinsames Aufräumen

Der vierte Tag
... wo wir einander gut verstehen ...

Wir begrüßen die Kinder

A: Guten Tag, liebe Kinder, schade, schon der letzte Tag heute, wo wir uns so gut verstehen ...
W: Genau! Also ich kann euch sagen! Wie die Leute sich manchmal streiten! Also, wenn ihr mal Rommé spielt, paßt bloß auf, daß ihr die Spielregeln vorher festlegt! Sonst gibt's Mord und Totschlag!
M: Wieso?
W: Hab ich gerade erlebt.
M: Erzähl! Aber nicht zu lang. Ich habe heute eine lange Geschichte zu erzählen.
W: Ja, also, paßt auf!

Die Geschichte, wie Kati eins von Christoph und Christoph eins von Kati auf's Auge gekriegt hat
W: Also, Kati und Christoph haben mich zum Rommméspielen eingeladen. Wißt ihr, das ist das Spiel, wo am Ende einer Rommé oder Handrommé sagt und die anderen ihre Minuspunkte zählen müssen. Am Anfang war's ja noch gut. Katis Vater machte nach drei Runden Handrommé, und wir anderen saßen ganz schön in der Kreide. Aber dann gings hart auf hart. Beim nächsten Spiel legte Christoph drei Zehnen aus. Halt, du spinnst, sagte Kati, man muß mindestens vierzig Punkte haben, um auszulegen. Das sind nur 30. Die Mutter beschwichtigte die Tochter, aber die hatte schon Tränen in den Augen. Dann war Kati dran, legte drei Buben und drei sechsen hin. Jetzt wurde Christoph ärgerlich. Also hör mal, sagte er, wenn schon, dann aber vierzig in einer Serie, vier Buben. Ist nicht wahr, sagte Kati und trat Christoph. Sofort deine Karten runter, schrie Christoph und griff Kati nach den Haaren. Das wurde dem Vater zu bunt, und er brüllte dazwischen, daß die Wände wackelten. – Ich war schon ganz still. Na, ihr kennt mich ja. Still wie Mose! – Dann haben sie's doch noch hingekriegt, und Christoph legte seine Karte an und sagte: Rommé! Kati schmiß ihre Karten hin und ging auf Christoph los: Du bist wohl ganz verrückt geworden, du mußt noch eine Karte abwerfen, du Betrüger.
Dann balgten sich die zwei auf dem Erdboden, und an jedem von ihnen zerrte einer von den entnervten Eltern. Ich hab mich schnell klammheimlich aus dem Staube gemacht. Nächsten Tag hab ich die beiden dann wiedergesehen. Katis rechtes Auge war rot und blau und violett angelaufen. Bei Christophs linkem Auge war das nicht so genau zu erkennen. Er hatte eine Binde darüber.
(Wolfgang Gerts)

M: Ja, ja, die Spielregeln!
W: Hähh?
M: Die Spielregeln! Bei uns war's fast genau so.
A: Genau! Sie murrten, sie meckerten, wo sie nur konnten. Und immer, wenn was nicht stimmte, wer war schuld?
W: Mose?!
M: Genau! So war's!
W: Erzähl!
M: Mach ich! *A a r o n !!*

Die Geschichte, wie Gott den Moseleuten ziemlich schwere und zerbrechliche Spielregeln mitgegeben hat
A: Wir waren schon einige Monate unterwegs, als wir zum Berg Sinai kamen. Mose wurde auf einmal ganz hibbelig. Was 'n los mit dir? fragten wir ihn. Hmmmm! Irgendwie kommt mir diese Gegend so bekannt vor. Wenn ich mich bloß erinnern könnte, was hier los war.
Auf einmal entdeckte er in der Umgebung einige Dornbüsche. Leeuutte, rief er, hiieerr war's.
W: Was war hier?
A: Hier ist dem Mose unser Gott Jahwe begegnet. Der Gott, der immer für uns da ist. Und irgendwie hatte Mose das Gefühl, daß er ihn noch mal treffen würde. Und tatsächlich: am nächsten Morgen hat er zu uns allen gesagt: Gott hat mich gerufen. ich muß auf den Berg da. Er hat was mit mir zu bereden. So zog er los. Gespannt warteten wir auf seine Rückkehr, was er wohl für Nachrichten mitbringt. Ob Gott wohl böse mit uns ist, weil wir in der Wüste so gemeckert haben? – Dann, nach einigen Stunden, kam Mose zurück. Erwartungsvoll sahen wir wir ihn an. Los! Erzähl schon, was war? Was hat Gott dir gesagt? Hast du ihn getroffen? Mach's nicht so spannend! – Klar hab ich ihn getroffen, sagte Mose, Gott hat gesagt, daß wir sein Volk sein sollen, seine Freunde, natürlich nur, wenn wir das wollen. – Wir hielten eine Ratsversammlung ab. Das war etwa so:
(Mitarbeiter haben sich unter die Kinder gemischt und rufen Mose die folgenden Sätze zu:)
- Na ja, so schlecht war er ja nicht, dein Gott, Mose! Obwohl, dem könnte auch mal was anderes einfallen als immer dieses Manna.
- Aber Verlaß war auf ihn, also, wie der uns bei den Ägyptern rausgehauen hat!
- Genau! Seitdem habe ich eigentlich keine Angst mehr.
- Er hat uns immer den Weg gezeigt.
- Naja, ich glaube eher, wir sind ganz schön im Kreise gelaufen. Aber zugegeben: gegen die Angst ist er gut.

– Schön, wenn das immer so wäre, daß wir keine Angst mehr haben brauchen!
– Wenn wir keine Ängste mehr hätten, würden wir auch keine Angst mehr vor den Großen, den Feinden, den Mächtigen haben.
– Wenn Gott unser Freund wäre, dann wären wir alle Freunde!
– Und wir würden teilen!
– Wie Brüder!

M: Wie Schwestern!
– Wie Brüder und Schwestern!
– Wenn wir auf Gott hören würden, wären wir frei.
Wir brauchten niemand anderem mehr zu gehorchen.
– Wir wären frei!
– Genau!

A: Ja, was ist nun? Seid ihr fertig? Wer will das Angebot Gottes annehmen: Gott unser Freund, wir Gottes Freunde. Wer ist dafür? – Wer ist dagegen? – Stimmenthaltungen? Mose, ich stelle fest: angenommen!

M: O.K. Morgen früh geh ich nochmal rauf *(Kapelle: Im Frühtau zu Berge ...).*

Wir singen: Laßt uns gehn in unser Land

A: Am nächsten Morgen sagte ich zu Mose: Jetzt geh hin zu Gott und sag ihm, daß wir seine Freunde und sein Volk sein wollen. Wir vertrauen ihm. So zog Mose wieder den Berg hinauf, und wir sangen ihm hinterher, bis er in einer Wolke verschwand. Da saßen wir nun und warteten auf Moses Rückkehr. Und, sieh da, nach einiger Zeit sahen wir ihn kommen. Er hatte schwer zu schleppen. Es sah aus, als schleppte er zwei dicke Steintafeln.

M: Genau, waren auch welche!

W: Hast du Versteinerungen gefunden da oben? Die sammle ich nämlich auch beim Wandern.

M: Nee.

A: Als Mose näherkam, sahen wir, daß etwas auf die Tafeln geschrieben war. Lies mal vor, was draufsteht, sagten welche. Mose sagte, das sind Regeln. Ich kann aber nicht lesen. Lies du, Aaron! Naja, dann hab ich allen das vorgelesen.

1. Ich bin Jahwe, euer Gott. Ich bin immer für euch da.
2. Ihr werdet mich nicht sehen. Ich bin trotzdem bei euch.
3. Ihr braucht nicht *über* mich schimpfen. Ihr dürft immer *mit* mir reden.
4. Einen Tag in der Woche habt ihr jetzt immer Zeit, um mit mir zu reden, um auszuruhen, um zu spielen, um zu feiern.
5. Niemand braucht mehr zu kurz zu kommen. Ich schenke euch Zeit, um euch auch um die Schwachen und Alten zu kümmern.
6. Ihr könnt euch auch aufeinander verlassen: ihr werdet euer Leben gegenseitig schützen.

7. Ich möchte, daß jeder von euch auch eine Familie hat, in der er geborgen ist.
8. Ihr braucht niemandem mehr etwas wegnehmen. Aber ihr dürft viel verschenken.
9. Ihr könnt immer die Wahrheit sagen.
10. Ich gebe euch, was ihr zum Leben braucht.

Erst dachten wir wohl, jetzt kommt doch noch die Abrechnung nach, als wir die steinernen Briefe Gottes gesehen hatten. Aber nun waren wir alle erleichtert. Jeder dachte, wir können bestimmt gut miteinander auskommen, wenn wir uns an diese Spielregeln halten. Wir waren sehr fröhlich. Jeder rannte aufgeregt in sein Zelt und kam wieder mit schönen Dingen zum Schmücken, mit Instrumenten, kurz: mit Sachen, die man zum Feiern brauchen kann. Dann feierten wir ein langes Fest. Wir hatten einen Freund gefunden, um den wir keine Angst haben mußten. So waren wir zusammen, sangen, tanzten, aßen, bis wir alle müde waren.

W: Oooch, Aaron, so ein Fest würde ich auch gerne feiern.
A: Na, tu's doch! Wir machen bestimmt mit.
M: Wieso?
W: Der Raum ist nicht geschmückt!
A: Wir hatten gar keinen Raum.
W: Wir haben auch keine schicken Kleider an.
A: Hatten wir auch nicht.
W: Aber wir haben kein Programm.
A: Hatten wir auch nicht.
W: Doch, ihr hattet die Spielregeln.
A: Ham wir jetzt auch!
W: Meinst du, wir können einfach so ein Fest feiern, hier und jetzt?
A: (fragt die Kinder) Was meint ihr? ... (Kinderreaktionen)
M: Genau!
A: Genau!
W: Genau! Mensch, Kinder, los, wir bereiten schnell was vor und feiern dann ein Fest!

Gruppenarbeit

Das Fest schließt wie gewohnt mit Vaterunser-Lied
Gebet, Segen. Gegessen wurde während des Festes. Die Kinder werden mit Handzetteln zum Familiengottesdienst eingeladen.

Familiengottesdienst am Pfingstsonntag
Laßt uns gehn in unser Land, wo keiner Angst hat

Die Kinder singen vor: Wir sind die Kleinen in den Gemeinden

2. Wir sind die Kleinen in den Gemeinden, doch ohne uns geht gar nichts, ohne uns geht's schief. Wir sind das Licht in der Nacht der Gemeinde, egal was andre meinen, wir machen mit.
3. Wir sind die Kleinen in den Gemeinden, doch ohne uns geht gar nichts, ohne uns geht's schief. Wir sind die Hefe im Teig der Gemeinde, egal was andre meinen, wir machen mit.
4. Wir sind die Kleinen in den Gemeinden, doch ohne uns geht gar nichts, ohne uns geht's schief. Wir sind der Schatz im Acker der Gemeinde, egal was andre meinen, wir machen mit.
5. Wir sind die Kleinen in den Gemeinden, doch ohne uns geht gar nichts, ohne uns geht's schief. Wir sind die Kinder im Leben der Gemeinde, egal was andre meinen, wir machen mit.

Text: Jürgen Fliege, Dietmar Fissel; Musik: Holger Clausen
Aus: Wie der Angst die Luft ausgeht, 1981
Alle Rechte im tvd-Verlag, Düsseldorf

Auch in: Du, laß dich nicht verhärten, Nr. 58

Begrüßung

Wir sind die Kleinen, liebe Gemeinde, und vielleicht fühlen nicht nur die Kinder sich manchmal klein. Womöglich geht uns ganz Großen das hin und wieder auch so, daß wir uns ganz ganz klein fühlen, ganz unbedeutend,

unwichtig. Darum ist es gut, daß wir die anderen Sätze auch einmal zu hören kriegen: Ohne uns geht nichts! Ohne uns – auch ohne uns großen Kleinen gibt's keine Gemeinde. Wir miteinander sind das Salz in der Suppe der Gemeinde. Wir sind das Licht in der Nacht der Gemeinde. Wir sind die Hefe im Teig, der Schatz im Acker der Gemeinde.
Ich möchte Ihnen fröhliche Pfingsten wünschen. Wir möchten Ihnen etwas von unserer Erfahrung abgeben: Gott ist in den Kleinen mächtig. Gott ist in den Schwachen mächtig. Das ist unsere Pfingstbotschaft heute. Lassen Sie uns nicht lange herumrätseln, was Heiliger Geist ist. Heiliger Geist ist, wenn wir uns anstecken lassen von Glaube und Liebe und von Hoffnung. Ich hoffe, daß keiner von uns diesen Gottesdienst verläßt, ohne daß er angesteckt, be-geistert ist, von diesem Gott, der uns Kleinen liebt.

Einsingen der Lieder

Statt Lesung: Berichte von vier Tagen KIBIWO

Wir singen: Laßt uns gehn in unser Land
1. ...wo keiner Angst hat vor dem andern
2. ... wo Große nicht die Kleinen schrecken

Bericht vom 1. Tag
Also, ich bin Mose. Das heißt, ich bin Andrea, aber in den letzten vier Tagen bei der Kinderbibelwoche war ich Mose.
Gemeinsam mit den Kindern haben wir uns auf den Weg gemacht in das verheißene Land, das Land, wo keiner Angst hat vor dem andern, das Land, wo Große nicht die Kleinen schrecken.
Los ging es in Ägypten, wo Moses Leute in Knechtschaft lebten, wo sie unterdrückt wurden. Da denken jetzt bestimmt viele, Kinder wissen nicht, was Unterdrückung ist. O doch! Da wird eines von den Eltern immer nur herumkommandiert. Ein Kind wird ausgeschlossen und darf nicht mitspielen, weil es rote Haare hat. Und die Mädchen werden von den Jungen beim Sport unterdrückt. Sie müssen immer Fußball spielen. Gemeinsam mit den Kindern wollten wir Lösungen suchen – Wege aus der Unterdrückung. Wir waren ziemlich überrascht, daß den Kindern klar war, daß was getan werden muß. Wir sagten zu einem Kind: Jetzt gehst du zu den Eltern und erklärst ihnen, daß sie so mit ihrem Kind nicht umgehen können. – Und das Kind stand auf und wollte losgehen. So hatten wir uns das natürlich nicht vorgestellt. Wir dachten, die Kinder sagen: WARUM ICH? Ich trau mich nicht! Wie Mose das getan hatte, als Gott ihm am Dornbusch sagte, er solle sein Volk in das neue Land führen. Das ist übrigens unser Dornbusch. Den haben die Kleinen für uns geschmückt. – Die Kinder haben nicht so reagiert. Sie sind viel mutiger als wir, wenn es um Gerechtigkeit

geht. Da können wir eine Menge von ihnen lernen. Und so haben wir unsre KIBIWO auch verstanden: Wir lernen gemeinsam mit den Kindern. Kinder und Mitarbeiter gingen gemeinsam ein Stück auf dem Weg in das Land, wo Große nicht die Kleinen schrecken.

Andrea Wolters

Wir singen: Laßt uns gehn in unser Land
... wo wir in Freiheit leben können

Bericht vom 2. Tag

Jetzt konnte die Wanderung endlich losgehen. Der Pharao hatte Mose und Aaron endlich erlaubt, daß die Israeliten Ägypten verlassen. Sie hatten sich gefreut. Aber sie hatten eine weite Wanderung vor sich, vor der alle ein bißchen Angst hatten, auch wenn sie wußten, daß Gott bei ihnen ist. Obwohl sie sich freuten, endlich aus Ägypten weggehen zu können, war es trotzdem ein komisches Gefühl. Sie hatten schon so lange dort gelebt, und trotz der vielen Plagen und der Unterdrückung, die sie erlebt hatten,war Ägypten doch ein bißchen zu ihrer Heimat geworden. Sie mußten ihre Häuser verlassen, und mitnehmen konnten sie auch nur ihre liebsten Sachen; denn alles, was sie besaßen, konnten sie nicht tragen. Außerdem ist ein Weg in die Freiheit ja auch ein Weg in die Ungewißheit. Sie wußten gar nicht, wie dieses Israel aussieht, was auf sie zukommt. Die Kinder und wir haben gemerkt, daß wir solche Situationen auch schon erlebt haben und gut kennen. Wir haben uns überlegt, wie das war, als wir eingeschult wurden. Wir haben uns gefreut, endlich Lesen und Schreiben zu lernen, aber wir haben uns auch gefragt, mit wem wir in eine Klasse kommen und wie die Lehrer wohl sind. Oder: wie war das vor unserer ersten Klassenfahrt? Auch wenn wir es kaum erwarten konnten, waren wir auf einmal doch traurig, unsere Eltern und Geschwister zu verlassen. Ein wenig Heimweh haben wir alle bekommen, obwohl wir ja noch immer mit unseren Freunden zusammen waren. Noch schlimmer ist es, wenn man umzieht. Wir wissen dann überhaupt nicht, was auf uns zukommt. Seine Freunde verlassen! Das neue Zimmer: Alles ungewiß. – Genau so ging es den Israeliten auch.
Jedes Kind hat zu diesem Tag einen Gegenstand mitgebracht, der ihm am wichtigsten war – genau wie die Israeliten.

(... Mitarbeiter befragen Kinder ...)

Wir haben uns dann wie die Israeliten auf den Weg gemacht und sind sogar durch ein Meer gegangen, weil die Ägypter uns verfolgt haben. Gott hat uns diesen Weg gezeigt. Das Meer öffnete sich vor uns, und wir konnten hindurchgehen. Links und rechts von uns war Wasser. Aber hinter uns schloß sich das Meer wieder, so daß uns die Ägypter nicht weiter verfolgen konnten. – Jetzt haben wir endlich gesungen und getanzt. Wir waren frei.

Ich glaube, uns ist an diesem Tag klar geworden, daß es gut ist, wenn wir trotz Angst und Ungewißheit den Schritt nach vorne wagen. Wenn wir es tun, sind wir Freie, und vielleicht werden auch unsere Ängste kleiner, weil wir mehr Vertrauen haben.

Maike Kolbe

Wir singen: Laßt uns gehn in unser Land
... wo wir wie Brüder alles teilen ...
... wo wir wie Schwestern alles teilen ...

Bericht vom 3. Tag

Am dritten Tag gings weiter mit der Wanderung. Von den Ägyptern waren die Israeliten nun gerettet. Aber vor ihnen lag die weite Wüste, ohne zu essen und zu trinken. Da dauerte es nicht lange, bis die Leute und die Kinder anfingen zu meckern. Wann sind wir denn endlich da? – Wir haben Hunger! – Wären wir doch in Ägypten geblieben. Da hatten wir immer zu essen! – Doch Mose antwortete nur: Gott wird uns nicht im Stich lassen. – So schlugen sie die Zelte für die Nacht auf, und tatsächlich: am nächsten Morgen war der ganze Boden mit kleinem runden, milchig-weißen Manna bedeckt, das nach Weißbrot mit Honig schmeckt. Von nun an mußten Mose und seine Leute nicht mehr hungern. Sie teilten das Manna gerecht auf, so daß jeder genug bekam.

Auch wir wollten heute unser mitgebrachtes Essen teilen, doch so einfach war es auch bei uns nicht. Erst wurde auch ganz viel gemeckert. Den einen war es zu heiß draußen, und sie hatten Durst. Die anderen hatten keine Lust zu den Spielen. Und wir Mitarbeiter meckerten die Kinder an, sie sollten auch mal mitmachen und nicht alle durcheinander reden. Doch dabei hatten wir gerade gelernt, daß Meckern die schlechteste Art und Weise ist, etwas zu erreichen. Wenn sich das jetzt ganz schrecklich angehört hat, als ob alle die ganze Zeit nur etwas auszusetzen gehabt hätten, dann ist das etwas übertrieben. Ich empfand diesen Tag sogar als den schönsten. Die ganze Atmosphäre war schon viel gelockerter. Die Kinder hatten schon Freundschaft geschlossen, und die Mitarbeiter waren nicht mehr so aufgeregt und nervös wie am 1. Tag. Besonders schön fand ich aber das Teilen des Essens. Jeder bekam etwas ab und man aß, was ein anderer mitgebracht hat. In einigen Gruppen ging das Teilen sogar sehr gut.

... Wie war es denn bei Euch Julia?

(Gespräch mit den Kindern)

Katrin Sandau

Wir singen: Laßt uns gehn in unser Land
... wo wir einander gut verstehen ...

Bericht vom 4. Tag

In der Geschichte von Mose und seinen Leuten fragt Mose sie: Wollt ihr zu diesem Gott gehören? – Soll dieser Gott zu euch gehören? – Das wollten sie. Und dann brachte Mose die zehn Gebote von seinem Gottesberg mit. Das erste Gebot: Ich bin der Herr, euer Gott,der mit euch mitgeht. – Ein toller Verbündeter, den Menschen *brauchen,* die im Wüstensand festsitzen. Diese Gebote – das sind keine Befehle; Das sollten Hilfen sein, sich gegenseitig besser zu verstehen. Von diesem »Einander-Verstehen« habe ich so viel in dieser KIBIWO gemerkt. Dazu gehört Holger, der tagelang mit Fieber ankam, weil er uns nicht im Stich lassen wollte.

Dazu gehören Katrin, die ein Fest abkürzte, um mitzumachen, und sogar Leute, die nicht mitgemacht haben: Weil sie so lang auf die Kinder aufpaßten, während ihre Ehepartner eine Woche und zuvor ein Vierteljahr an unserem Bibelfest gearbeitet haben. Für 23 Mitarbeiter ein Wagnis, von dem keiner wußte, wo es hinführt, ein kleines Pfingsten. Kinder, die möglichst jeden Tag kamen und sich heute trauen, einer großen Gemeinde etwas vorzuspielen. Am 4. Tag haben wir ein großes Fest gefeiert, aus dem Boden gestampft, weil wir uns darüber freuen, daß Gott mit uns geht. Ich denke auch an Cornelia aus Seulingen, die sich vorgestern bei der KIBIWO fast den Arm gebrochen hat, aber gestern wieder mit ihrem Gips ankam, weil sie dazugehören wollte. Sie sprach an diesem Tag das Gebet. – Als Pastor dieser Gemeinde bin ich beschämt, wieviele Christen es mir vormachen, und wenn ich Andrea, Maike und Katrin und die anderen denke: wieviele wichtige Predigten gegen die Angst ich in diesen Tagen selbst zu hören bekam. Das Land, wo keiner Angst hat vor dem andern, ist für mich ein Stück wahr geworden.

Wir singen: Laßt uns gehn in unser Land
... wo wir die Wahrheit sagen können ...
... wo jeder gute Freunde findet ...

Aber was hat denn nun Pfingsten mit der Wüstenwanderung zu tun? Ich glaube, was die Menschen in der Wüste erlebt haben und was andere Menschen zu Pfingsten erlebt haben, hat viele Gemeinsamkeiten. Das Ereignis in der Wüste nennt man den ersten Bund. Das Ereignis zu Pfingsten nennen wir den zweiten Bund. Und beide Male ist es dasselbe. Gott hat sich mit seinen Kleinen: dem kleinen Volk von Schafhirten, der kleinen Zahl der verlorenen Jünger verbündet. Gott hat sich mit uns verbündet. Es ist schön, einen Verbündeten zu haben, einen, der mitgeht. Einen, der uns nicht im Stich läßt. Es ist wie bei einem Ehebund: Komme, was mag, wir gehen zusammen. Ich lasse dich nicht im Stich!

Erzählpantomime

Zur Vorbereitung haben wir für jeden Besucher ein einfaches farbiges Armband aus Pappe angefertigt: Pappstreifen, an beiden Enden mit einem Locher

gelocht, mit einem Bindfaden können um den Arm jedes Besuchers zusammengebunden werden. Auf jeden Streifen haben wir mit Hand die Aufschrift angebracht: »Gott bleibe bei dir, ganz gleich, wohin du gehst und was aus dir wird.«
Die Kinder haben aus Kreppapier leuchtende Umhänge – wie Feuerflammen – vorbereitet.
Eine Musikgruppe beginnt mit Musik. Zunächst wird ganz langsam »a karawani« gespielt, später geht es über in »Wir haben Gottes Spuren festgestellt«.
Die Erzählerin spricht mit fester Stimme, langsam und mit großen Pausen.
Gesenkten Hauptes verließen Jesu Freunde und Freundinnen und seine Verwandten den Berg.
Jesus war fort.
Aus.
Aus?
Als der Pharao den Israeliten die Ausreise verweigerte:
Aus?
Als unsere Kinderbibelwoche zu Ende ging:
Aus?
Als Jesus fort war:
Aus?

Sie gingen gesenkten Hauptes.
Wie Karfreitag.
Aber: sie gingen nicht auseinander:
Anders als Karfreitag.
Keiner mochte sich lösen.
Sie blieben beieinander.
Sie konnten sich aufeinander verlassen.
Sie führten sich gegenseitig an der Hand.
Einer begann zu beten.
Ein anderer betete mit.
Alle begannen sie zu beten.
Das hatte sonst Jesus für sie getan.
Jetzt taten sie es.
War es nicht, als wäre Jesus noch bei ihnen?
Ihre gesenkten Häupter begannen sich zu heben.
Ihre Körper begannen sich aufzurichten.
Ihr Glaube begann zu wachsen.
Und sie blieben beieinander.
(Die A-karawani-Musik wird schneller.)
Sie schauten sich an.

Sie halfen sich gegenseitig auf.
Ihr Mut, ihre Kraft, begannen zu wachsen.
(Die Kinder binden einander die Bänder um.)
Sie spürten ein Feuer.
Es wurde stärker.
Der brennende Dornbusch – Die Feuersäule der Israeliten – nun das Feuer, das wir die Kraft des Geistes Gottes nennen.
(Die Kinder streifen sich die Umhänge über.)
Der Glaube, die Kraft, die Hoffnung wurden übermächtig.
(Die Kinder tanzen im Kreis. Musik und Tanzen werden immer schneller.)
(Plötzlich hört die Musik auf.)
Da begannen sie, von ihrem Feuer auszuteilen.
Erst wenigen.
(Die Kinder verteilen Streifen an weitere Kinder.)
Dann wurde aus dem Feuer ein Lauffeuer.
Das Lauffeuer Gottes,
das auch unsere Herzen warm machen kann.
(Die Kinder verteilen Streifen an alle Gemeindemitglieder. Die werden ermutigt, sich die Streifen gegenseitig umzubinden.)
(Die Musikgruppe spielt und singt: Wir haben Gottes Spuren festgestellt. Die Gemeinde singt den Refrain.)

Predigt

Klaus Grünwaldt hat die folgende »Drachengeschichte« für die Predigt erfunden.
Ein mutiger Prediger darf vor der Gemeinde auch ruhig einige chinesische Drachen von der Kanzel hinabsteigen lassen. Die Gemeinde war fasziniert von dieser Zeichenhandlung.
Kati und Christoph hatten sich einmal in langer Arbeit Drachen gebaut, jedes Kind einen. Schöne Drachen, mit festem Gestell aus Holz und Band, beklebt mit buntem Papier und hintendran einen langen bunten Schwanz. Solche Drachen, die man nicht kaufen, sondern eben nur selber bauen kann. Nun wollten sie die steigen lassen und liefen dazu auf einen Berg. Denn bergab mit Gegenwind geht es ja am besten. Kati fing an. Sie hatte zu Hause den Drachen an eine Schnur befestigt und die Schnur auf einen Holzstock gewickelt. Die wickelte sie jetzt ab und ging ein Stück den Berg hinunter. Christoph stand mit ihrem Drachen oben. Beide laufen los, bis Kati »Loslassen!« ruft. Ihr Drachen steigt höher und höher. Der Wind spielt mit ihm, daß es nur so eine Freude ist. Als sie genug hat, wickelt sie die Schnur auf und holt den Drachen herunter. Nun will Christoph seinen Drachen steigen lassen. Er hat ihn aber nicht an eine

Schnur gebunden. Er nimmt ihn einfach in die Hand, läuft gegen den Wind den Berg hinunter und läßt ihn dann los. Sofort packt ein Windstoß den Drachen, reißt ihn hin und her und wirft ihn dann zu Boden. Warum hast du ihn nicht an eine Schnur gebunden, will Kati wissen. Ich wollte ihn in die Freiheit fliegen lassen, antwortet Christoph. Kati versteht ihn wohl, meint aber: Mein Drachen war doch auch frei! Er konnte im Wind spielen, hin und her fliegen, in diese und jene Richtung. Meine Schnur hat ihm die Freiheit nicht genommen, im Gegenteil, sie hat ihm erst geholfen,diese Freiheit auszukosten. Und in der Gefahr konnte mein Drachen sich fest darauf verlassen, daß ich ihm Halt gebe und ihm helfe.
(Gedanken: Bindfaden – Bund – Bindungen, die befreien.)
Gott geht mit uns, ganz gleich, was aus uns wird und wohin wir gehen. Ganz gleich, wie klein oder wie groß wir sind. Davon gibt es alte und neue Lieder. Wir möchten gerne, daß die kleinen Kleinen den großen Kleinen ein Lied davon vorsingen. Und dann möchten wir, daß die großen Kleinen den kleinen Kleinen ein Lied davon vorsingen. Zwei Lieder, aber eine Verheißung: Gott geht mit uns mit!

Lieder

Die Kinder singen: Wo ich gehe, wo ich stehe (3 x).
Die Erwachsenen singen: Befiehl du deine Wege.

Gebet

Vaterunser-Lied

Aaronitischer Segen

Am Ausgang bekommen die Gottesdienstbesucher Manna! (Weißbrot mit Honig)

Gruppenarbeiten

Am ersten Tag:

- *Die 5 – 6jährigen* bauen aus verschieden großen Kartons Häuser. Sie stellen die Städte der Ägypter dar. Mit dieser Aufgabe verfolgen wir auch einen Nebeneffekt: Da wir zu wenig Gruppenräume haben, bauen sich die Kleinen im großen Saal mit diesen Häusern ein eigenes Nest. Wir haben mit den Großen manche Räume mit langgezogenen Karton-Mauern aufgeteilt.

- Die 7 – 8jährigen bemalen Tapeten (evtl. Folien) zur Geschichte. Diese Gruppenarbeit wird am dritten Tag fortgesetzt. Die Ergebnisse dieser Gruppenarbeit können im Familiengottesdienst vorgestellt werden. Alternative: Wenn zwei Gruppen in diesem Alter zustandekommen, kann die zweite Gruppe Motive der Geschichte kneten.
- *Die 9 – 10jährigen* machen ein »Sprechblasenspiel«. Sie überlegen Texte für die vorgegebenen »Sprechblasen« aus den drei Geschichten des Nachmittags. Es geht jedesmal um die Frage: Warum soll ich denn eingreifen, um einen Konflikt zu beseitigen? – Die Kinder können sich freie Antworten ausdenken, miteinander vergleichen und die Probleme der einzelnen Geschichten besprechen: Haben wir/habe ich so etwas auch schon mal erlebt? Kopiervorlagen zum Sprechblasenspiel siehe unten.
- *Die 11 – 12jährigen* stellen Kollagen zum Thema Unterdrückung her. Als Materialien stellen wir Illustrierte, Zeitungen, Brot-für-die-Welt-Material bereit.

Am zweiten Tag:

- Die Gruppenleiter sprechen jedes Kind darauf an, was es für die Reise an diesem Tag mitgebracht hat (s.o. S. 34f.). Sie fragen, warum es gerade dies mitgebracht hat, was es mit dem mitgebrachten Gegenstand schon erlebt hat. Danach wählen sie aus den folgenden Geschichten die für ihre Gruppe passende aus, erzählen sie und ermuntern die Kinder dazu, assoziativ eigene Erlebnisse zu erzählen. Mit den Kindern kann auch nach Problemlösungen gesucht werden.

1. Geschichte: Kati zieht um

Kati kam aus der Schule. Sie war zum letzten Mal in der alten Klasse gewesen. Jetzt besucht sie Herrn Franz im Altersheim. Herr Franz hatte früher bei Katis Eltern zur Untermiete gewohnt und oft auf Kati und Christoph aufgepaßt. Dies war wohl der letzte Besuch bei Herrn Franz. Denn morgen wollten sie umziehen. Kati war traurig. Meine Freundinnen und Freunde werde ich nur noch ganz selten sehen. Und die Katzen können wir nicht mitnehmen. Ich werde den kleinen Garten und mein Zimmer und alles hier ganz schrecklich vermissen. Ich muß in eine neue Schule gehen und kenne dort keinen einzigen Menschen. Ich hab so'ne Angst! Herr Franz hörte Kati geduldig zu. Er konnte sie gut verstehen, denn er selbst war schon sechsmal umgezogen. Zuletzt ins Altersheim. Er hatte auch jedesmal Angst vor dem Neuen gehabt, und er erzählte Kati davon. Aber manchmal hatte er bald wieder Freunde und Bekannte gefunden und sich ganz schnell an die neue Umgebung gewöhnt. Schließlich gab Kati zu, ganz wahnsinnig neugierig zu sein. Wie das neue Haus wohl aussieht, wenn wir es eingerichtet haben? -Und wie heißen wohl die drei Kinder von den neuen Nachbarn? – Gibt es da noch mehr Kinder? – Und ob die auch wohl gerne Volleyball spielen? Dann fiel Kati noch viel mehr ein, was es zu entdecken gab. Sie versprach, Herrn Franz davon zu schreiben.

(Andrea Wolters)

2. Geschichte: Katis erste Klassenfahrt

Der Wecker klingelt. Kati ist schon eine ganze Weile wach. Denn heute geht es auf ihre erste Klassenfahrt. Hoffentlich komme ich mit Daniela auf ein Zimmer. Sie ist meine beste Freundin. Ob ich meine Puppe Tina mitnehme, denkt sie. Ihre Mutter kommt ins Zimmer. Du mußt jetzt aufstehn! – Mutti, wenn ich Heimweh kriege, holst du mich dann aus München ab? – Ach Kati, das wird bestimmt ganz schön für dich. Aber wenn du wirklich Heimweh kriegst, hole ich dich natürlich ab. – Da bin ich aber froh! ich freue mich ja auch schon auf die Fahrt. Herr Gerlach hat mir nämlich gesagt, daß wir eine Nachtwanderung machen. Jetzt muß ich aber schnell hoch. Denn sonst verpasse ich noch den Bus. Wir müssen pünktlich um halb acht vor der Schule sein.

(Monika Knöchelmann)

3. Geschichte: Kati kommt morgen in die Schule

Es war der letzte Augusttag, und morgen sollte es so weit sein: Morgen sollte Kati in die Schule kommen. Beim Abendbrot war sie sehr still. Stimmt etwas nicht mit dir Kati, fragte die Mutter. Nein, es ist nichts, Mamma! Doch als Kati im Bett lag, konnte sie nicht einschlafen. Sie freute sich zwar sehr auf die Schule, doch wie mochte wohl die Lehrerin sein? Hoffentlich ist sie so nett wie meine Kindergärtnerin! dachte Kati. Und dann die vielen anderen Kinder. Da gab es ja auch die älteren, die viel größer waren als sie, und die Kati schon oft auf dem Spielplatz geärgert hatten. Nur gut, daß ihre Freundin Daniela auch in die Schule kam. Ob ich wohl neben ihr sitzen darf, dachte Kati. Sie drückte ihre Puppe Tina fest an sich. Sie sollte sie morgen begleiten. Sie war eine gute Freundin.

(Cornelia Schreiber)

Am dritten Tag:

- *Die 5 – 6jährigen* machen Kreisspiele zur Auflockerung.
- *Die 7 – 8jährigen* arbeiten weiter an den Tapeten (Folien) zur Geschichte. Sie malen vom Verlassen der Hütten an bis zum Murren in der Wüste. Sie malen evtl. Selbstbildnisse auf Bögen, schneiden sie aus und kleben sie auf den Fries.
- *Die 9 – 10jährigen* spielen Gericht. Der Angeklagte ist Mose. Die Anschul-

digung ergibt sich aus dem Murren in der Wüste. Als Mitspieler brauchten wir Ankläger, Angeklagte, Verteidiger, Geschworene, Be- und Entlastungszeugen, Sachverständige, Richter.
Variante: Wir spielen »heißer Stuhl«. Spielregel: Ein Kind setzt sich in die Mitte des Kreises. Aus dem Kreis kommen Anschuldigungen. Das Kind in der Mitte muß sich verteidigen. Wenn es sich nicht mehr verteidigen kann, bestimmt es ein anderes Kind aus dem Kreis, das sich auf seinen Platz setzen muß.

- *Die 11 – 12jährigen* schreiben einen Beschwerdebrief. Alle Kinder haben etwas zu murren, gemeinsam oder zu zweit. Wenn die Kinder zu zweit schreiben, könnte man ihnen Stichwörter geben: Beschwerde an den Bürgermeister, den Schulrektor, die Regierung, die Eltern, das Fernsehen, den Gemeindepastor. Nach Möglichkeit sollte Wanda in dieser Gruppe mitarbeiten.

Am vierten Tag:

- *Die 5 – 6jährigen* schmücken den Festsaal. Sie decken den Tisch. Was sie im einzelnen tun, bleibt zu überlegen.
- *Die 7 – 8jährigen* bereiten das Festessen vor. Bei uns gab es Brötchen mit heißen Würstchen und Kirschquark.
- *Die 9 – 10jährigen* üben einen Tanz ein, der sich während des Festes auf alle Kinder übertragen kann.
- *Die 11 – 12jährigen* üben die Erzählpantomime für den Familiengottesdienst ein. – Tanz und Erzählpantomime können gut miteinander verbunden werden.
- *Mitarbeiter,* die in den Gruppenarbeiten nicht gebraucht werden, ordnen Materialien zum Rückerinnern beim Fest und für den Familiengottesdienst.
- *Eine weitere Gruppe* kann aus einem Eimer, viel Sand und großen kahlen Zweigen mit rosa und roten Kreppapierstreifen einen »brennenden« Dornbusch basteln.
- *Alle Gruppen* schminken und verkleiden sich.

Kopiervorlagen für die Gruppenarbeit am 1. Tag

Kapitel 3
Das Besondere an Jesus entdecken ...

Eine Kinderbibelwoche in drei Teilen

Wolfgang Longardt

Zur Planung:

Drei Vormittage standen innerhalb der Herbstferien für unser Projekt zur Verfügung. Jugendliche Helfer und zwei Mütter, eine Pastorin und ein Fortbildungsreferent des Hamburger »Evangelischen Zentrums Rissen« bildeten das Team.
Bei der Themensuche in unseren Vorgesprächen ging es darum, daß viele Kinder durch regelmäßige Märchenerzählstunden, die von der Volkshochschule veranstaltet wurden, zwar einen ganzen Schatz von Märchen in sich aufgenommen haben, aber Wesen und Gestalt Jesu sind recht »verschwommen« in ihrer Vorstellung.
So besannen wir uns auf die alte pädagogische Weisheit, daß Vergleiche vieles deutlich machen können. Wir wählten aus der Reihe »GTB-Märchen« des Gütersloher Verlagshauses das afrikanische Märchen »Wie das Leben durch die Welt wanderte« (GTB 881), in dem drei Kranke geheilt, aber zwei von ihnen schließlich wieder als Strafe für ihre Undankbarkeit und ihr Vergessen erneut krank werden.
Die Geschichte hat überraschende Nähe zur Jesus-Geschichte von der Heilung der zehn Aussätzigen (Lk 17,11-19).
An je einem Vormittag wollten wir die beiden Geschichten erzählen und vertiefen, am dritten Vormittag den Vergleich ziehen.

Zeitraster der drei Vormittage:

9.00 – 9.30 Uhr	Begrüßungssingen und Eingangsphase
9.45 – 10.15 Uhr	Erzählphase
10.15 – 10.45 Uhr	Getränkepause mit Tobephase im Garten des Gemeindehauses
ca. 11.00 – 12.00 Uhr	vertiefende, kreative Gruppenphase
12.15 – 12.30 Uhr	Ausklang, Gebet, Segen, Schlußlied

Vorzubereitende Materialien:

Wir wollten in diesen drei Vormittagen weder Malen noch Basteln, sondern alle Vertiefung allein über das körperhafte Gestalten, das Spielen und das Singen versuchen.
Mit der Werbephase und der Vorbereitung von packenden Erzählfassungen, der Lieder, der Pantomimen und »lebenden Bilder« glaubte sich unser Team ausgelastet genug.

Werbephase:

Natürlich sollte im Gemeindebrief wieder ein Artikel, der sich an Eltern und Großeltern wendet, erscheinen, auch die übliche »Schaukastenwerbung« durfte nicht fehlen, aber vor allem wollten wir im Kindertagesheim und in den Schulklassen über handgeschriebene Briefe der »Jungscharkinder« werben. Drei Wochen vor den Herbstferien entwarfen wir in den vier Jungschargruppen Brieftexte, kurz aber persönlich. Am Rand sollte Platz bleiben für allerlei Bemalungen. Der handschriftliche Grundentwurf wurde auf der Kopiermaschine vervielfältigt, so daß nur noch der Name des anzuredenden Kindes und die Unterschrift auszufüllen waren:

> »Hallo, ...!
> Weißt Du schon, daß in den ersten Herbstferientagen toll was los sein wird im Gemeindehaus? Zu drei spannenden, bunten Vormittagen lade ich Dich ein: Immer um 9.00 Uhr geht es los: »KINDERBIBEL-VORMITTAGE«. Schade, wenn Du das verpaßt. Das Ganze heißt dieses Mal »Das Besondere an Jesus entdecken«.
> Ich freu mich, wenn Du mitkommst. Dein(e) ...

Jedes Jungscharkind suchte sich ein paar gute Freunde, bzw. Freundinnen aus und verteilte in der Schule oder im Kindertagesheim diese Briefchen; daß sich dabei Nachfragen und Gespräche ergaben, ist klar. Selber »Post-Kriegen«, das aber hat eben seinen Reiz!

Zur Eingangsphase:

Eine bereits zu früheren Kinderbibeltagen benutzte »Bastelglocke« wurde wieder einsatzbereit gemacht. Über die alte Glockenform (über ein Drahtgestell waren vor Jahren mit Tapetenkleister gestrichene Papierbahnen geklebt worden) kam nun frisches gelbes Papier. Weil es hier schon immer beliebter Brauch war, sein selbstgemaltes Gesicht oder seinen Namen an die Glocke zu

heften (Pinwand-Nägel haften gut daran), sollte es auch dieses Mal in der Eingangsphase an jedem Morgen so sein. Die immer bunter werdende Glocke enthält innen ein eingebundenes Orff-Becken, so daß der Tag mit einem Schlegel ein- und ausgeläutet werden kann, worauf die großen Turmglocken jeweils »antworten«.
Pinwand-Stifte, Pappscheiben, bzw. Kärtchen für Namen oder Gesichtermalereien lagen dann bereit. An der Stelle, an der sonst der Adventskranz hängt, hing nun für drei Tage die Glocke der Kinder.
Am Ende der Begrüßungs- und Eingangsphase stand an jedem Tag das Glockenlied, zu dem alle wie Glocken hin- und herschwangen:

Das Glockenlied

Wolfgang Longardt

2. Glocken sind nun fast verklungen,
haben langsam ausgeschwungen.
Unser Gottesdienst beginnt,
und das Licht ist angezündt.

Simon
MIRIAM
THOMAS
SANDRA
WOLFGANG
TOM
Heinz
ANNE SOPHIE
TOBIAS

Liedmaterialien:

Außer dem Glockenlied kamen täglich das beliebte »Er hält die ganze Welt in seiner Hand« vor, sowie das »Wissen-wir-von-IHM-Lied«, das Jesus-Lied (ABAKUS-LP/MC »Vieles ist nicht selbstverständlich«):

Text und Melodie: Wolfgang Longardt

2. Wie man anderen verzeiht,
   Frieden macht nach einem Streit.
   Wissen wir von ihm ...
3. Daß Gott jeden von uns liebt,
   uns verzeiht und uns vergibt.
   Wissen wir von ihm ...
4. Wie man hilft, wo Hilfe not,
   wie man Hungernden gibt Brot.
   Wissen wir von ihm ...

1. Vormittag

Erzählbeispiele

A. Für die Kleinen, die 4 – 7jährigen
wurde Lukas 17,11-19 so erzählt, eingeleitet durch das zuerst von der Erzählerin, dann von allen wiederholte:

Text und Melodie: Wolfgang Longardt

»Wieder war es ein heißer Tag, stundenlang war Jesus mit seinen Freunden durch das staubige Land gewandert. Endlich tauchte eine kleine Stadt auf. Dort konnten sie gewiß etwas Rast machen, ausruhen, essen, trinken, schlafen ...
Doch es kam ganz anders: am Rand der Stadt kamen sie zu einigen Hütten, und was sie dort sahen, war ein trauriger Anblick. Außerhalb der Stadt, von allen getrennt wegen der Ansteckungsgefahr, lebten zehn kranke Männer. Ihre Haut war über und über mit Wunden und Geschwüren bedeckt, sie durften nicht zu ihren Familien, sie waren »ausgesetzt«. Wer ihnen etwas zum Essen bringen wollte, der durfte nur bis zu einer Grenzlinie gehen und mußte den Topf dort abstellen. Niemand traute sich näher an die Kranken heran.
Als Jesus mit seinen Freunden an den Hütten vorbei gehen wollte, da fingen die Männer an zu schreien: »Hilf uns, Jesus, nur du kannst uns helfen und gesund machen, hilf uns.«
Jesus blieb stehen. Und was sonst keiner wagte: er ging ganz nahe zu den Kranken, redete mit ihnen, machte ihnen Mut. Die Freunde Jesu waren in vorsichtigem Abstand stehengeblieben, aber Jesus stand noch immer bei den Kranken. Da rief nochmals einer: » Jesus, hab Erbarmen mit uns, keiner kann uns helfen, nur du.«
Soviel Vertrauen hatten sie zu Jesus, von dem ja überall im Land erzählt wurde.
Da sagte Jesus zu ihnen: »Geht zu den Priestern, zeigt dort eure Hände, eure Arme, eure Füße, zeigt alle Wunden, sie werden euch erlauben, wieder nach Hause zu euren Familien zu gehen.«
Und die Männer liefen in die Stadt zu den Priestern, sie staunten, denn unterwegs geschah es: sie wurden heil, alles war wieder gut!
Tatsächlich sahen die Priester sie genau an und sagten: »Ihr seid gesund, welch ein Wunder, geht jeder wieder zu seiner Familie!«
Welch eine Freude war das! Sie jubelten, sie sprangen vor Freude und liefen jeder in sein Haus, aber einer, der hatte zunächst etwas anderes vor. Es war ihm viel wichtiger, zuerst Jesus wiederzufinden. Überall fragte er nach ihm. Als er ihn gefunden hatte, da warf er sich vor ihm auf den Boden. Jesus hob ihn auf,

umarmte ihn. Der Mann, der nun endlich wieder gesund war, dankte und sang vor Freude ein Lied, ein Loblied von Gottes Kraft.
Jesus fragte ihn dann: »Es sind doch zehn gesund geworden, nur du, nur einer kommt, um Gott zu loben? Wo sind wohl die anderen?«
Zu dem geheilten Mann sagte er noch: »Dein großes Vertrauen, dein Glaube hat dir geholfen und wird dir weiterhelfen, geh heim in Frieden.«
Und der Mann ging voller Freude heim zu seiner Familie, vielleicht hat er vor Glück den ganzen Weg über gesungen und zuhause auch noch. Und von Jesus hat er bestimmt weitererzählt, seiner Familie und seinen Freunden ...«
Zum Ausklang, und noch ehe die Kinder etwas von ihren Gefühlen über das Gehörte äußern, singt die Erzählerin, was alle Kinder dann und jeden Tag besser wiederholen:

Text und Melodie: Wolfgang Longardt

B. Für die 9 – 12jährigen wurde so erzählt:
Ausgeschlossen sein, das ist schlimm. Manchmal fühlen wir uns ausgeschlossen, weil uns jemand nicht einlädt, oder wir sind krank und müssen im Bett liegen, während die anderen ein Fest feiern ...
Vielleicht habt ihr schon von Lepra-Kranken gehört, und wie langwierig es ist, diese Krankheit zu heilen – besonders wenn, wie in vielen Teilen Afrikas, es an Ärzten, Krankenhäusern und Medikamenten fehlt.
Früher schickte man Lepra-Kranke einfach aus der Stadt oder aus dem Dorf. Abgesondert von allen anderen, getrennt von ihren Familien mußten sie in armseligen Hütten dahinvegetieren.
Das war auch zur Zeit Jesu so. Näherte sich jemand den Lepra-Hütten, dann mußten die Kranken, früher sagte man »die Aussätzigen«, zur Warnung mit Rasseln Krach machen und schreien »Vorsicht, wir sind unrein, unrein!«
Einmal, im Gebiet der Samaritaner, diesem heidnischen Mischvolk, das die Juden verachteten, sah Jesus solche Hütten der Aussätzigen. Was dabei geschah, will ich euch einmal so erzählen, wie es vielleicht ein Jünger Jesu, ein Begleiter, weitererzählt haben mag:
»Ich glaube, wenn ich mich recht erinnere, war es auf unserer langen Wande-

rung nach Jerusalem. Da zogen wir mitten durch das Gebiet der Samaritaner. Wir mochten sie nicht, die uns wohl auch nicht, das war kein gutes Gefühl. Samaritaner gingen nicht in den Jerusalemer Tempel, sie hatten eigene Heiligtümer. Wir wanderten also nicht gerade durch ein Gebiet von Freunden – im Gegenteil. Jesus schien das nichts auszumachen, er ließ sich Zeit, ja mehr noch, er benahm sich äußerst ungewöhnlich und unvorsichtig.
Als wir an die Hütten der Aussätzigen auf Rufweite herangekommen waren, begannen die Kranken zu schreien: »Jesus, großer Meister, erbarm dich unser, du allein kannst helfen, hilf du uns.«
Wir dachten: bloß weitergehen. Aber Jesus blieb stehen, mehr noch, er ging über die unsichtbare Grenze an den dort abgestellten Essenstöpfen hinaus, ganz nahe zu den Kranken. Ich dachte: er wird sich doch nicht in solche Gefahr bringen – und noch dazu hier in dieser Gegend?
Jetzt hatten die Aussätzigen, die Lepra-Kranken, aufgehört zu schreien. Sie waren seltsam ruhig, ganz friedlich, als wenn man einen guten Freund getroffen hat, der einen akzeptiert und ernst nimmt. Irgend etwas sagte Jesus zu ihnen, ich verstand das nicht. Aber die Männer, ich glaube es waren zehn, stürmten plötzlich los in die kleine Stadt hinein. So eilig liefen sie, als ob sie einen dringenden Termin nicht verpassen wollten. Dabei sahen sie immer wieder auf ihre Hände und Arme ...
Ich verstand das nicht. Jesus kam wieder zu uns und sagte: »Ihr wißt, die Priester sind diejenigen, die zu bestimmen haben, ob einer wieder als gesund und ansteckungsfrei gilt. Ich habe sie zu den Priestern geschickt.« Ich sagte: »Aber die sind doch krank, die werden doch gleich wieder ausgesetzt!«
Jesus aber sagte: »Jetzt während sie dort hingehen, wird es geschehen, sie werden heil sein.«
Das konnte ich nicht begreifen. Na, immerhin wir gingen weiter. Lange wollten wir uns in der Stadt nicht aufhalten, nur etwas rasten, ausruhen, essen und trinken.
Es war vielleicht zwei Stunden später, als einer der Männer von den Lepra-Hütten zu uns gestürmt kam. Ich erkannte ihn sofort wieder. Er schien außer sich vor Freude, aber dann tat er etwas, was man nur vor Kaisern und den Mächtigsten der Welt tut: er warf sich vor Jesus auf den Boden, lobte Gott, dankte und wollte gerade Jesus die Füße küssen, da hob ihn Jesus auf. »Nur einer von zehn kommt, um Gott die Ehre zu geben, wo sind die anderen neun?« – Der offenbar geheilte Mann sagte nichts darauf, er rief: »Meister, ich danke dir, Jesus, ich lobe dich, Gott, ich lobe dich!«
Jetzt nahm ihn Jesus in die Arme, er hielt diesen Samaritaner wie seinen Freund, wie seinen Sohn, liebevoll im Arm und sagte: »Dein großes Vertrauen, dein Glaube, hat dir geholfen und wird dir weiterhelfen, gehe hin in Frieden.«
Der Mann ging singend davon, das vergeß ich nicht. Und seitdem denke ich:

für Jesus gibt es diese Grenzen wohl nicht, Grenzen der Vorurteile zwischen Juden und Samaritaner, Grenzen zwischen Kranken und Gesunden, das, was er »sein Reich« nennt, ist offen für alle. Ja, es ist etwas Besonderes mit diesem Jesus. Gut, daß ich alles Zuhause habe liegen lassen, als er sagte: »Komm folge mir.« Jeden Tag staune ich mehr. Dieser Jesus ist wie Gott, denke ich. Versteht ihr mich ein bißchen?«
So ähnlich wird das ein Jünger später immer wieder weitererzählt haben, denn das mit Jesus muß man weitersagen ...
Hier singt der Erzähler den nachfolgenden Vers, den alle wiederholen:

Übungen in der kreativen Vertiefungsphase:

A. Mit den Kleineren
spielen wir zunächst gewünschte, besonders wichtige Augenblicke der Geschichte pantomimisch nach. Wir fragen nach Verbesserungs- und Änderungsvorschlägen und fügen schließlich alles zu einer Erzählpantomime zusammen, bei der eine Mitarbeiterin die Handlung erzählt, während die Kinder das Geschehen der Jesus-Geschichte pantomimisch nachspielen.

B. Bei den Größeren
beginnen wir mit einer Imaginationsübung:
Wenn ihr die Augen schließt, welcher Augenblick, welches Bild aus der Geschichte tritt vor euer inneres Auge?
Nach einem Augenblick des Schweigens und Imaginierens tragen wir unsere Eindrücke zusammen.
Kernszenen komprimiert zu lebenden, stehenden Bildern (gleichsam »gefrorene« Pantomimen) versuchen wir dann »zu bauen«.
In einem ersten Durchgang geschieht dies als Partnerübung: wir stehen in zwei Kreisen, in einem Innen- und einem Außenkreis, einander zugewandt. Die so zusammenstehenden Partner überlegen, welche Person der Geschichte sie »nachstellen« wollen in möglichst ausdrucksvoller, sprechender Gebärde, Mimik und Haltung. Es könnte einer der schreienden Kranken, ein kritischer Priester, der glücklich Zurückkommende oder ein gespannt alles beobachtender Jünger sein.

Jeder der beiden Partner soll einmal »bildender Künstler« sein, das heißt, den anderen »zurechtformen« und einmal derjenige, der sich formen, das heißt in eine bestimmte Ausdruckshaltung bringen läßt.
Auf ein Triangel-Zeichen hin verlassen die »bildenden Künstler« ihre lebenden Statuen und setzen sich an die Wände des Raumes. Jetzt sind nur die ausdrucksstarken Figuren zu sehen. Es kann geraten werden: wer stellt wen und was dar?
In einem weiteren Durchgang wird nun getauscht. Neue Figuren, neue lebende Statuen entstehen. Am Ende wird versucht ein großes Szenenbild zu zeigen, Statuen von mehreren Personen: etwa den Augenblick, da der geheilte Samariter vor Jesus niederfällt, und die Jünger stehen staunend dabei. Diese Standbildszene wird am Schluß des Vormittages im Plenum allen gezeigt. Für die Kleinen, die das dann zum ersten Mal sehen, ist dies eine gute Erinnerungsbrücke für einige Schlußgedanken, ehe wir mit Gebet und Segen und dem Ausläuten den Vormittag beschließen.

2. Vormittag
In der Eingangsphase schmücken wir wieder unsere Kinderglocke mit Namens- oder Gesichterscheiben. Die Mitarbeiterinnen haben am Ende des gestrigen Vormittages alle Scheiben und Pinwand-Stifte von der Glocke abgenommen, so daß wieder das Bild des Zusammenkommens entsteht, wenn sich die Glocke nach und nach – wie der Raum – immer mehr füllt. Es werden die gleichen Lieder gesungen, um Vertrautheit zu stärken.

Erzähltext:

Wie das Leben durch die Welt wanderte
Eines Tages begab sich das Leben auf die Wanderschaft durch die Welt. Es ging und ging, bis es zu einem Menschen kam. Der hatte so geschwollene Glieder, daß er sich kaum rühren konnte.
»Wer bist du?« fragte der Mann.
»Ich bin das Leben.«
»Wenn du das Leben bist, so kannst du mich vielleicht gesund machen«, sprach der Kranke.
»Ich will dich heilen«, sagte das Leben. »Aber du wirst mich und deine Krankheit bald vergessen.«
»Wie könnte ich euch vergessen!« rief der Mann aus.
»Gut. Ich will in sieben Jahren wiederkommen. Dann werden wir ja sehen.« meinte das Leben. Es bestreut den Kranken mit Staub vom Wege. Kaum war das geschehen, ward der Mann gesund. Dann zog das Leben weiter und kam zu einem Lepra-Kranken.

»Wer bist du?« fragte der Mann.
»Ich bin das Leben.«
»Das Leben?« fragte der Kranke. »Da könntest du mich ja gesund machen.«
»Das könnte ich,« erwiderte das Leben. »Aber du wirst mich und deine Krankheit bald vergessen.«
»Ich vergesse euch bestimmt nicht,« versprach der Kranke.
»Nun, ich will in sieben Jahren wiederkommen, dann werden wir ja sehen,« sprach das Leben. Es bestreute den Mann mit Staub vom Wege, und der Kranke ward sogleich gesund.
Wieder begab sich das Leben auf die Wanderschaft. Nach vielen Tagen kam es schließlich zu einem Blinden.
»Wer bist du?« fragte der Blinde.
»Das Leben.«
»Ach, das Leben!« rief der Blinde erfreut. »Ich bitte dich, gib mir mein Augenlicht wieder!« »Das will ich tun. Aber du wirst mich und deine Blindheit bald vergessen.« »Ich werde euch bestimmt nicht vergessen,« versprach der Blinde.
»Nun gut, ich will in sieben Jahren wiederkommen, dann werden wir ja sehen«, sagte das Leben, bestreute den Blinden mit Staub vom Wege, und der Mann konnte wieder sehen.
Als sieben Jahre vergangen waren, zog das Leben wieder in die Welt. Es verwandelte sich in einen Blinden und ging zuerst zu dem Menschen, dem es das Augenlicht wiedergegeben hatte.
»Bitte, laß mich bei dir übernachten,« bat das Leben. »Was fällt dir ein?« schrie der Mann es an. »Scher dich weg! Das fehlte mir gerade noch, daß sich hier jeder Krüppel breitmacht.« »Siehst du«, sagte das Leben. »Vor sieben Jahren warst du blind. Damals habe ich dich geheilt. Und du versprachst, deine Blindheit und mich niemals zu vergessen.« Darauf nahm das Leben ein wenig Staub vom Wege, streute ihn auf die Spur dieses undankbaren Menschen. Von Stund an wurde dieser wieder blind.
Dann ging das Leben weiter. Und es gelangte zu dem Menschen, den es vor sieben Jahren von der Lepra befreit hatte. Das Leben verwandelte sich in einen Leprakranken und bat um Obdach. »Pack dich!« schrie der Mann es an. »Du wirst mich noch anstecken!«
»Siehst du«, sagte das Leben. »Vor sieben Jahren habe ich dich von der Leprakrankheit geheilt. Damals hast du versprochen, mich und deine Krankheit nie zu vergessen.« Darauf nahm das Leben ein wenig Staub vom Wege und streute ihn auf die Spur des Mannes. Im selben Moment wurde der Mann wieder von der Leprakrankheit befallen.
Schließlich verwandelte sich das Leben in einen Menschen, dessen Glieder so geschwollen waren, daß er sich kaum rühren konnte. So besuchte es jenen Mann, den es vor sieben Jahren zuerst geheilt hatte.

»Könnte ich bei dir übernachten?« fragte ihn das Leben. »Gern. Komm nur weiter,« lud der Mann das Leben ein. »Setz dich, du Armer. Ich will dir etwas zu essen machen. Ich weiß recht gut, wie dir zumute ist. Einst hatte ich ebensolche geschwollenen Glieder. Gerade ist es sieben Jahre her, als das Leben hier vorüberkam und mich gesund machte. Damals sagte es, daß es nach sieben Jahren wiederkommen wolle. Warte hier, bis es kommt. Vielleicht wird es auch dir helfen.« »Ich bin das Leben,« sagte das Leben. »Du bist der einzige von allen, der weder mich noch seine Krankheit vergessen hat. Deshalb sollst du auch immer gesund bleiben.«Als es sich dann von dem guten Mann verabschiedete, sagte es noch: »Ständig wandelt sich das Leben. Oft wird aus Glück Unglück. Not verwandelt sich in Reichtum, und Liebe kann in Haß umschlagen. Kein Mensch sollte das jemals vergessen.«
Afrikanisches Märchen
Aus: M. Kosová: Afrikanische Märchen, Verlag Werner Dausien, Hanau/Main 1970

Nachbemerkung: Wie am Vortag rahmen wir für die Kleinen die Erzählung wieder ein mit dem gesungenen Refrain »Hört nun die Geschichte ...« bzw. am Schluß »Das war die Geschichte ...«
Da am Vortag eine in vieler Hinsicht ähnliche Geschichte erzählt worden ist, wird es fast von selbst durch die Kinder zu ersten kleinen Vergleichen kommen, vor allem aber sollen die Gefühle nach dem Hören artikuliert werden.

Kreative Vertiefungsphase:

Wer viel mit Kindern umgeht, der weiß: sie lieben Wiederholungen, sie möchten etwas, bei dem sie – wie gestern – Erfolgserlebnisse gehabt haben, gern wiederholen.
A. Also versuchen wir heute das afrikanische Märchen zuerst in der einen oder anderen Einzelszene pantomimisch uns vorzuspielen: »Weißt du, welcher Augenblick das sein soll?«
Dann aber kann alles wieder zu einer vertiefenden Erzählpantomime werden.
B. Auch mit den Größeren gehen wir nochmals den gleichen kreativ-spielerischen Vertiefungsweg über lebende Statuen; aber zu Beginn wird jeder wieder aufgefordert zu imaginieren: welches Bild tritt aus diesem afrikanischen Märchen vor mein inneres Auge? Dann bilden wir wieder zwei Kreise (Innen- und Außenkreis), um die Partnerübungen folgen zu lassen. Jedes Partnerteam darf beratschlagen, welche Gestalt, in welcher Haltung zuerst und welche danach (nach dem Wechsel) »geformt« werden soll.
Wie gestern werden die »bildenden Künstler«, wenn alle fertig sind, in jeder Runde gebeten, sich nun zu entfernen und an die Raumwände zu stellen oder zu setzen. Das Beobachten und Erraten der Figuren beginnt. Ebenso wird dann

in der Folgerunde verfahren. Falls die Zeit reicht (oft ergeben sich über den Ausdruck der Statuen intensive Gespräche!), formen wir noch eine Szene mit mehreren Personen, die dann wieder im Schlußplenum den Kleinen gezeigt werden kann.
Die Schlußphase verläuft, abgesehen von zusammenfassenden Gedanken zur heutigen afrikanischen Geschichte und der Ankündigung, daß wir morgen beide Geschichten vergleichen wollen, ebenso wie am Vortag. Das fröhliche »Ausläuten«, worauf die Turmglocken der Kirche antworten, ist wieder der Schlußpunkt des Vormittages.

3. und letzter Vormittag
Die Eingangsphase verläuft nun schon in vertrauter Weise, dann aber in der »Erzählphase« ist Gelegenheit, daß die Kinder beide Geschichten nochmals einander erzählen.

A. Bei den Kleinen
empfiehlt es sich, den Vergleich, weil viele noch nicht so recht lesen können, in Strichmännchen-Manier auf einer großen Tapetenrolle, die auf dem Boden liegt, darzustellen. (Neben der wiederholenden Strichmännchen-Darstellung haben sich auch Spurendarstellungen bewährt, bei denen Mitarbeiterinnen das Kommen und Gehen in den einzelnen Szenen entweder spontan, oder im »Kartoffelstempeldruck« Schritt für Schritt als Spur drucken oder die Spurenwege rasch aufmalen.) In jedem Fall ist dann ein anschaulicher Vergleich möglich.

Auch die Kleinen finden rasch heraus, daß im Märchen Geheilte bestraft werden, die Jesus-Geschichte ist frei von Strafe. Gnädig und barmherzig ist Jesus, er fragt nur traurig nach den anderen.
Leicht ist auch herauszufinden, daß im Märchen ein Auf-die-Probe-Stellen angekündigt wird, wie eine Bedingung. Jesus aber heilt die, die ihm Hilfe zutrauen und zu ihm rufen. Er kündigt keine Prüfung an. Aber der, der zurückkommt, vor ihm niederfällt und Gott lobt, der ist wohl am glücklichsten, er ist wie neugeboren ...

B. Die Älteren
finden neben den oben genannten Aspekten (Jesus heilt ohne Vorbedingungen, er läßt Gnade und Freiheit erfahren, während das Märchen Undankbare bestraft, gewiß noch andere Ähnlichkeiten, aber auch Gegensätze.
Manche wissen vielleicht, daß Jesus sich auch »das Leben« genannt hat. Im Märchen ist aber wohl damit so etwas wie das Schicksal gemeint. Andere Kinder könnten beim Märchenschluß auch an Matth. 25,40 denken: »Was ihr einem meiner geringsten Brüder getan habt ...«, denn Jesus kommt in Gestalt eines Kranken.
Auf große Papierbahnen oder Tapetenrückseiten lohnt es, zunächst die Ähnlichkeiten aufzuschreiben, dann die Gegensätze.
Die Kinder werden fragen, was wohl aus den neun anderen geworden sein mag. Lukas läßt das offen. Jesus verdammt sie nicht, wer weiß, ob der eine oder andere von ihnen später auch noch eine besondere Gottes- oder Glaubenserfahrung gemacht hat? Diese Jesus-Geschichte aber atmet den Geist der Freiheit, der Gnade. Jesus verflucht die anderen nicht, aber für den einen wird die Begegnung mit Jesus zu einem ganz neuen Anfang. Es gibt in seinem Leben nichts Wichtigeres mehr, als Gott zu loben, Gott zu danken. Dies steht nun an erster Stelle in seinem Leben. Jesus unterstreicht dies nochmal, indem er ihm sagt, wie wichtig sein Glaube für ihn ist. Zehn werden gesund, aber nur einer lernt glauben.

Nachbemerkung: In etwas oberflächlicher Tradition kann man in manchen Kinder- und Erwachsenenbibeln diese Geschichte unter der Überschrift »Vom dankbaren Samariter« finden. Aber das greift zu kurz, es geht hier darum, daß einem »Augen des Glaubens« aufgehen, er macht eine Gotteserfahrung. Das ist mehr als gewisse Dankbarkeit.
Der barmherzig handelnde und gnädig in die Freiheit entlassende Jesus aber, der möge den Kindern im Gedächtnis bleiben!
Dieses Konzept ist unter Anleitung des Fortbildungsreferates »Gemeindearbeit mit Kindern und ihren Eltern« des »Ev. Zentrums Rissen« in mehreren Hamburger und Schleswig-Holsteiner Gemeinden durchgeführt worden. Darum seien einige Kinderäußerungen aus unseren abschließenden Geschichtenvergleichen angeführt:

Ein Sechsjähriger:	»Der Jesus macht das besser, er will, daß es für alle gut bleibt!«
Eine Siebenjährige:	»Ich finde es gut, wenn die anderen, die zuhause gefeiert haben, nicht zur Strafe wieder gleich krank werden. Die Jesus-Geschichte ist schöner.«
Eine Achtjährige:	»Vielleicht haben die anderen neun später noch Beten gelernt oder Jesus später wieder getroffen?«
Eine Neunjährige:	»Daß Jesus keine Drohung sagt: Wehe, wenn du das in sieben Jahren vergessen hast, dann strafe ich dich«, das finde ich prima von ihm.«
Ein Neunjähriger:	»Spannender war eigentlich das Märchen, aber mächtig grausam am Ende; der Jesus ist irgendwie geduldiger, sanftmütiger. Vor Ansteckung hat er keine Angst, wenn er hört, wie die zu ihm schreien.«
Ein Zwölfjähriger:	»Man kann schon vergessen, daß es einem auch mal früher elend schlecht ging, bloß die Kranken oder Behinderten zu beschimpfen, ist schlimm. Das »Märchenleben« spuckt vor Rache wie Gift und Galle. Jesus will aber zeigen, Gott ist voll von Liebe.«

In allen Erprobungen dieses Konzeptes reichten die Vormittagsphasen kaum aus, so interessierte die Kinder dieser Vergleich. Auch nach der Erfrischungspause wurde zum einen der gemalte Spuren-Vergleich wie auch die Vergleichsliste weitergeführt.

Die Schlußphase brachte neben Dankgebet und Segen nochmals alle Lieder zum Klingen.

Kapitel 4
Wenn die Sonne sich verdunkelt ...

Eine symboldidaktische Kinderbibelwoche zu Passion und Ostern

Wolfgang Longardt

Vorbemerkung:

Wichtige Aussagen über unseren Glauben können wir oft nur in symbolischer Weise machen. Die Rede von Gott ist ein vielfältiges Beispiel dafür: wir reden von Gott als »Sonne der Gerechtigkeit« (Mal 3,20) oder von Gott als »Sonne und Schild« (Ps 84,12). Im Choral nennen wir Jesus, unsere »Weihnachtssonne« (EKG Nr. 32, Vers 5) und selbst im Bereich unseres menschlichen Lebens nutzen wir solche Redeweisen, etwa wenn Eltern ihr Kind »unser Sonnenschein« nennen.
Die symbolische Redeweise von der Sonne für unser Leben hat aber auch noch eine andere Dimension: treffen uns dunkle, schmerzliche Erfahrungen, so sprechen wir davon, daß sich »für uns die Sonne verdunkelt«, so hat auch die biblische Rede von Lk 23,44 und 45 »... und es war eine Finsternis über das ganze Land bis an die neunte Stunde, und die Sonne verlor ihren Schein« Bedeutungstiefe. Zum einen wird da offenbar direkt von einer Sonnenfinsternis erzählt, aber dahinter liegen noch andere Bedeutungsgeschichten: Wenn Jesus stirbt, dann wird es dunkel im Leben der Jünger, Jesus war ihr Licht, ihre Sonne. Ja, selbst für uns gibt es immer wieder solche Karfreitagserfahrungen, an denen sich für uns die Sonne verfinstert, die unseres Glaubens, die unseres Lebens.
Jeder kennt auch das eigene seelische Empfinden, daß wir nach langen trüben Tagen bei einem lang ersehnten Sonnentag, seelisch wieder aufleben.
So ist es vielmehr als nur erzählerisches Beiwerk wenn bei Jesu Tod von einer Sonnenfinsternis geredet wird, und am Auferstehungsmorgen kommen Frauen zum Grab »... sehr früh am Morgen, als die Sonne aufgeht«. (Mk 16,2)
So will dieses KIBIWO-Modell im Glaubenssymbol *»Sonne«* das Passions- und Ostergeschehen für die Kinder so nachhaltig Gestalt werden lassen, daß sie die »schwarze Sonne« und die »Ostersonne« als inneres Bild schließlich mit nach Hause tragen und erahnen, wie sehr Christus für uns alle »Sonne des Lebens und der Hoffnung« sein kann.

Ausgewählte Texte und Lieder:

Aus Mk 15 wählten wir die Verse 1-34 und 37-41, sowie Kap. 16,1-13. Vor allem zwei »musikalische Bausteine« benutzten wir immer wieder: das alte, russische Kyrie, eingedeutscht »Herr, erbarm dich unser, Herr, erbarm dich unser, Herr, erbarm dich gnädig über uns«, sowie das Rissener Lied »Dunkel soll es nun nicht bleiben« mit seinem Halleluja-Refrain am Ende:

Text und Melodie: Wolfgang Longardt

2. Dort, wo Tod und Grab uns schrecken,
kann Gott retten, auferwecken,
wandelt Tod in neues Leben,
will uns allen Hoffnung geben: Gottes Sonne ...

Daneben kamen gelegentlich vor: »Du hast uns, Herr, gerufen« (mit geklatschten Zwischenteilen) und »Wir wollen alle fröhlich sein« (EKG, 82).

Benötigte Materialien:

Unsere Lieder schrieben wir auf Folien, so daß wir sie großflächig an die Wand projizieren konnten. Dann legten wir Scheren, Filz- und Wachsmalstifte bereit, sowie Zeichenkarton in mehreren Farben, vor allem aber in schwarz und sonnengelb. Tesakrepp wollten wir für die Namensschilder verwenden.

Tagesstruktur:

Unsere KIBIWO lief über vier Vormittage innerhalb der Osterferien nach folgendem Zeitplan:
9.00 Uhr Wir kommen zusammen, singen und begrüßen uns
9.15 Uhr In zwei Altersgruppen (4 – 7 J. und 8 – 12 J.) hören wir die jeweilige Tageserzählung
9.45 – 10.30 Uhr Wir frühstücken zusammen
10.30 – 10.45 Uhr Freispielzeit zum Austoben im Gemeindehausgarten
10.45 – 11.30 Uhr Weiterarbeit in den zwei Altersgruppen
11.45 – 12.00 Uhr Andacht und Ausklang

Zur täglichen Eingangsphase:

1. Beschriften oder Erneuern der Tesakreppstreifen mit unseren Namen.
2. Musikalisches Reaktionsspiel mit der Liedmelodie »Du hast uns, Herr, gerufen«. Etwa so wurde das erste gemeinsame Spiel jedes Vormittages eingeleitet: »Ich möchte herausfinden, ob ihr wirklich schon wach seid. Auf dem Akkordeon spiele ich eine kleine Melodie. Aber immer dann, wenn ich ganz plötzlich die Melodie unterbreche, sollt ihr blitzschnell dreimal klatschen. Das könnte heißen: »Ich bin wach« oder »Ich bin da!« Rhythmische, geklatschte Einwürfe zu einer bekannten Melodie.

2. Du legst uns deine Worte
und deine Taten vor.
I: Herr, öffne unsre Herzen
und unser Ohr. :I
3. Herr, sammle die Gedanken
und schick uns deinen Geist,
I: der uns das Hören lehrt und
dir folgen heißt. :I

Text und Melodie: Kurt Rommel
Aus: 111 Kinderlieder zur Bibel, Christophorus-Verlag, Freiburg/Br. und Ernst Kaufmann Verlag, Lahr/Schw.

Nach mehrfacher Wiederholung wurde statt des Klatschens, dreimal mit dem Fuß aufgestampft, dann dreimal auf die eigene Brust geschlagen etc. Schließlich projizierten wir den eigentlichen Liedtext als gesungenes Morgengebet an die Wand und sangen dies.

Ablauf vom 1. Tag

Erste Gruppenphase am 1. Tag:

A. Den Kleineren
wurde Mk 15,1-19 aus der Sicht eines traurigen Jüngers erzählt, der zunächst sich erinnert, wie schön die Zeit mit Jesus war, als sie mit ihm von Ort zu Ort gewandert waren. Aber nun geschehen böse Dinge in Jerusalem. Er erzählt, wie er die Volksszene vor dem Haus des Pilatus erlebt, das schreiende Volk und die wenigen traurigen Freunde Jesu, wie sie Jesus dann abführen, verspotten und ihm eine Dornenkrone aufsetzen ...

B. Den Älteren
erzählten wir das Geschehen vor dem Haus des Pilatus und die anschließende Verspottung aus der Sicht eines etwas nachdenklicheren Kriegsknechtes, eines Soldaten, der zwar mitmacht, aber unsicher ist, was es mit diesem Rabbi Jesus wohl in Wahrheit auf sich haben könnte. (Durch diese Verfremdung ergab sich die Chance, den Älteren, die meist schon die Passionsgeschichte kennen, neue, ungewohnte Blickwinkel zu bieten.)

Zur täglichen Frühstücksphase:

In unserer Einladung haben wir jeweils geschrieben, daß jedes Kind täglich eine Kleinigkeit zum gemeinsamen Frühstück beisteuern möchte, einen Apfel, ein Brötchen, etwas Kuchen o.ä.
Unsere Helferinnen und Helfer legten das alles auf große Holzteller und schenkten auf Wunsch noch Saft aus.
Weil Kinder Picknick auf dem Fußboden lieben, deckten wir diese Frühstückstafeln immer auf dem Boden. (Sitzkissen sind in fast jeder Gemeinde vom Kindergottesdienst her vorhanden.)

Zur zweiten Gruppenphase am ersten Tag:

Zur Überraschung der Kinder, der jüngeren wie der älteren, kamen hier in jede Altersgruppe je zwei »verkleidete Jünger« zu Besuch! Sie setzten sich müde und traurig seufzend auf den Boden und unterhielten sich über das Erlebte. Schließlich begannen sie schweigend – zum Erstaunen der Kinder – aus dem bereitliegenden Zeichenkarton schwarze und gelbe Streifen (etwas spitz wie Strahlen) zu schneiden. »Wollt ihr uns helfen?«, so fragten sie die Kinder. Gemeinsam entstanden viele Streifen in den genannten Farben.
Dann begannen die zwei »Jünger« ihre Erinnerungen in Form von »Strahlen« (Streifen aus Karton) auf den Boden zu legen. Zu gelben Streifen meinten sie:
»Wie haben wir uns immer über Jesus gefreut, wenn er Kranken geholfen hat«
(sie legen Strahlen wie zu einer Sonne).
»Wie schön war es, wenn er traurige Menschen getröstet hat.«
(sie legen weitere helle Streifen zu einer Sonne).
»Wie haben wir uns mitgefreut, wenn er Einsame besucht hat, Kinder gesegnet hat ...« etc.
(Schließlich ist eine große Sonne entstanden): »Ja, er war für viele, für uns alle Licht und Sonne. Aber jetzt?«
Während sie nun sich an Dunkles erinnerten, legten sie schwarze Streifen über die hellen ...
Dann wendeten sie sich an die Kinder: »Kennt ihr auch dunkle Tage, an denen ihr todtraurig seid? Oder habt ihr nur helle, lustige Tage?«

Die Kinder erzählten von ihren hellen und dunklen Erlebnissen, und es entstand eine »Hell-Dunkel-Sonne der Kinder«.
Mit dem Lied »Dunkel soll es nun nicht bleiben« (Str. 1) klang diese Phase, in der Jüngererfahrungen neben die der Kinder gestellt wurden, aus.

Erfahrungen:

In der Gruppe der Kleineren, wo zunächst wegen der geringeren Sprachausdrucksmöglichkeiten mit weniger emotionalen Äußerungen gerechnet wurde, erzählten die Kinder überraschend viel: von der Trauer um den überfahrenen Hund, der Krankheit am eigenen Geburtstag, dem entlaufenen Meerschweinchen, dem Tod der Großmutter u.s.w.
Die Älteren brauchten viel mehr Anlaufzeit, eigentlich kamen erst vom zweiten Tag an vermehrte Äußerungen persönlicher Art. Anfangs nannten die Kinder traurig machende Dinge etwas außerhalb ihres persönlichen Bereiches: Umweltschäden, Hunger in Afrika u.ä. Doch mit wachsendem Vertrauen, wachsender gegenseitiger Offenheit wurden an den Folgetagen auch Aspekte genannt wie: ich habe erfahren, daß ich die Schule wechseln muß; jetzt sind meine beiden Eltern arbeitslos; ich habe Angst, der Golfkrieg springt auch zu uns herüber etc.
In jedem Fall wurde dem Team der Mitarbeiterinnen und Mitarbeiter klar, wie wichtig die Verbindung von emotionaler und religiöser Erziehung ist, die man in früheren KIBIWO's sträflich mißachtet hatte. Wird aber ermutigt oder sogar angeleitet, das eigene Erleben und Fühlen in Worte zu fassen, so gewinnen die gemeinsamen Kyrie-Gebetsgesänge spürbar an Konkretion.

Andacht und Ausklang:

Da die »Sonnen«, die wir aus hellen und dunklen Strahlenstreifen gelegt hatten, jeweils eine Holzplatte als Untergrund aufwiesen, konnten sie wie ein stummes und doch beredtes »Protokoll« der Gruppenintensität nun in die Raummitte getragen werden. Alle saßen im Kreis herum, auch die Osterkerze, die aufgeschlagene Bibel und ein Blumenstrauß schmückten den Fußboden.
Eingangs wiederholte man summend die Melodie »Du hast uns, Herr, gerufen«, aber nun wurde, weil alles stiller und konzentrierter wurde, leise auf den eigenen Handrücken geklatscht. Dann verglichen wir die eigenartigen Sonnen. Weil tatsächlich mitten in unserem Alltag das Fröhliche dicht neben dem Traurigen steht, das Dunkle neben dem Hellen, konnte auch die Nähe zu den Erfahrungen der Jünger erahnt werden, für die es in Jerusalem nun dunkle, bittere Erfahrungen gab. Jesus ging konsequent seinen Weg zu Ende, und sie konnten ihm nicht helfen.

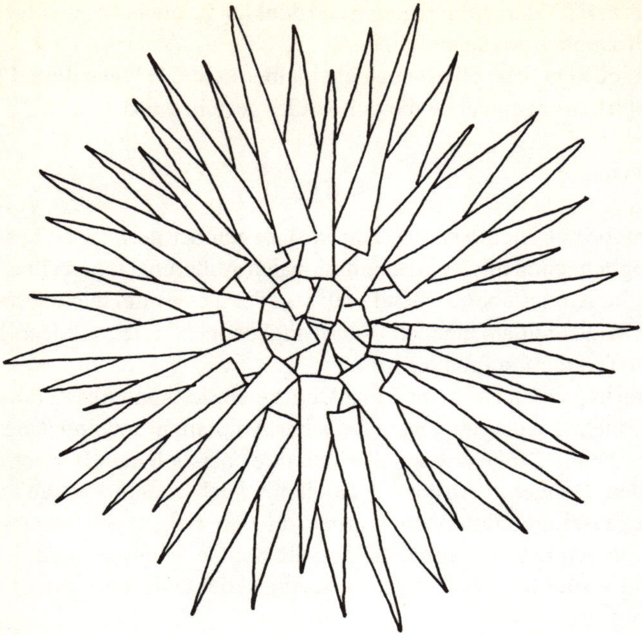

Zwischen die Kyrie-Gebetsteile, die dann mehrfach gesungen wurden, fügten die Mitarbeiterinnen und Mitarbeiter kleine Sätze wie: »... Dunkles, Trauriges erlebten Jesu Freunde. Wir kennen auch Tage, an denen wir todtraurig sind, großer Gott! Du kannst uns beistehen, darum singen wir betend: HERR, ERBARM' DICH UNSER ...«
»Manchmal fühlen wir uns an traurigen, dunklen Tagen so allein. Jesus hat das auch durchlebt, ganz allein sein zu müssen, ausgelacht, verspottet: nun versteht er uns, nun ist er unser Bruder, er kann uns trösten, er will uns nahe sein, darum singen wir betend: HERR, ERBARM' DICH UNSER ...
»Ausgelacht-Werden ist schlimm, Nicht-Verstanden-Werden ist schmerzlich. Jesus, Du hast das alles ausgehalten, darum können wir zu Dir rufen, und wir singen betend: HERR, ERBARM' DICH UNSER ...«
Nach dem gemeinsamen Vaterunser und dem Segen sangen alle »Dunkel soll es nun nicht bleiben ...«

Ablauf vom 2. Tag

Mit noch mehr Freude verlief das Reaktionsspiel zur mehrfach unterbrochenen Akkordeonmelodie. Die Kinder erfanden neue Klatschformen, etwa mit dem Nachbarn, oder sie trommelten auf den Stühlen. Schließlich folgten die Strophen – an die Wand projiziert.
Nach einer Erinnerung an den ersten Vormittag beschloß ein Morgengebet die Eingangsphase, ehe sich wieder die Vortagsgruppen bildeten und in ihre Räume zogen.
Hinweis: Der Plenumsraum (Gemeindesaal) war so wieder frei, damit einige vom Team mit den erneut von den Kindern mitgebrachten Dingen die Frühstückstafel schmücken konnten.

Erste Gruppenphase am 2. Tag:

Heute ging es um den Text Mk 15,20-32.

A. Für die Kleineren
wurde erneut so begonnen wie am Vortag: eine Mitarbeiterin versuchte aus der Sicht eines Jüngers zu erzählen, aber nun konnten die Kinder mithelfen, sich an das Schöne, an das Helle zu erinnern, was sich mit Jesus auf all den Wanderungen vorher ereignet hatte. Die Ereignisse vor dem Haus des Pilatus und die Dornenkronenszene wurde nur nochmals kurz erwähnt, um dann die Kreuzwegszenen breit schildern zu können; schließlich die Kreuzigung mit weiterem Spott und Hohn der Umstehenden und der Priester.
Die Gebetsphase erhält heute eine Variante: es wird eingeladen in den Phasen zwischen dem gesungenen »HERR, ERBARM' DICH UNSER« (russisches

Kyrie) schweigend an Selbsterlebtes zu denken oder an andere Menschen, für die wir bitten wollen.
Als weitere Intensivierung und Konzentrationshilfe wird vorgeschlagen, bei jeder Wiederholung in diesem dreifachen Kyrie die nach oben geöffnete Handflächen etwas mehr zu heben, dann aber bei ...»gnädig über uns« die Hände in einem Bogen (wie in Form eines Spitzbogenkirchenfensters) nach unten zu führen.
Vaterunser und Segen folgen. Wieder schließt der Vormittag mit dem Lied: »Dunkel soll es nun nicht bleiben«

Ablauf vom 3. Tag
Nach der gewohnten Begrüßungsphase mit den vertrauten Elementen wird in den beiden Altersgruppen heute Mk 15,33-47 erzählt, jener Text, der mit der Sonnenfinsternis beginnt und mit der Grablegung endet.
Bei den Kleineren wird wieder die schon bekannte Erzählperspektive aus der Sicht eines nachdenklichen Soldaten gewählt, während für die Größeren dieses Mal aus dem Blickwinkel des Joseph von Arimatia erzählt wird.
Nach der gemeinsamen Frühstücksphase und dem Freispiel spielen heute einmal die hellen und dunklen Streifen keine Rolle. Aus der Rissener katechetischen Spielmappe »Ostern entdecken« wird das Dia »Trauernde unter verdunkelter Sonne« betrachtet. (Die Mappe »Ostern entdecken« ist zwar nicht mehr im Buchhandel erhältlich, aber in allen evangelischen und katholischen Medienstellen entleihbar.)
Die Kinder tragen zunächst ihre Beobachtungen über die geschlossenen Fenster, die Gesichter und Gebärden der Menschen zusammen. Dann wird versucht, einzelne Figuren in ihrer Körpersprache, in ihrem mimisch-gestischen Ausdruck nachzustellen. Alle anderen raten jeweils, welche Person vom Dia jetzt gerade imitiert wird.
Schließlich wird die dunkle Sonnenscheibe betrachtet. Welch eine Lichtveränderung die eine Wirkung auf die Menschen hat! Manche weinen, andere fallen sich vor Kummer in die Arme, wieder andere sitzen allein und strecken die Hände verzweifelt gen Himmel ...
Will man auf das Bild und seine Kontrastdarstellung der Freude bei leuchtender Ostersonne (die Mappe enthält zwei Dias!) verzichten, so kann unter dem Eindruck des Erzähltextes natürlich auch gemalt werden.

B. Als Ablaufvariante bei den Älteren
wurde zunächst eine Art Rundfunkinterviewspiel improvisiert. Ein Mitarbeiter zog einen großen Küchenlöffel aus der Tasche, an den eine Schnur als »Mikrophonleitung« angeknotet war. Er sprach die gesamte Gruppe als Soldaten und Kriegsknechte an, die berichten könnten, was sich gestern um diesen

Jesus und den Barabbas ereignet hat.
Nachdem so die Erzählteile vom Vortag nochmals in Erinnerung gekommen waren, erzählte der Mitarbeiter, nun wieder selbst als einer der nachdenklicheren Soldaten, vom Fortgang (Verse 20-32).
Nach Frühstück und Freispielphase sammelten sich die Gruppen erneut zur

Zweiten Gruppenphase am 2. Tag:

Bei den Kleineren und Größeren schnitten wir nun breitere helle und dunkle Streifen, es sollte auf ihnen entweder gemalt oder geschrieben werden.
Wir stellten uns in beiden Altersgruppen vor: abends treffen sich irgendwo in Jerusalem, hinter gut verschlossenen Türen, die verängstigten Freunde Jesu, um über alles zu reden. Mitten in all den dunklen Dingen, die sie miteinander austauschen, kommen aber gelegentlich auch hellere Erinnerungen vor, sie haben doch auch erlebt, wie Jesus seine Macht gezeigt hat, aber nun gibt er sich widerstandslos hin, das verstehen sie nicht ...
Die Kleineren malen Dornenkronen, Peitschen, Kreuze auf die dunklen Streifen (hellere Wachsmalstifte wie gelbe, weiße werden dazu verwendet).
Die Großen schreiben allerlei auf die Streifen:
... er läßt sich verspotten!
... er läßt sich auslachen!
... er läßt sich quälen!
Einige malen auch kleine Szenen mit Sprechblasen.
Wieder werden diese mehr dunklen als hellen Sonnengebilde auf Holzplatten in den Gemeindesaal zur Schlußandacht getragen.

Andacht und Ausklang am 2. Tag:

Um beim Betrachten mehr optische Konzentration und keinerlei Ablenkung – etwa durch zu viele Symbole – zu haben, decken die Mitarbeiter die Sonnensymbole zunächst mit violetten Tüchern ab. Wieder wird gesummt, »Du hast uns, Herr, gerufen« und leise auf den Handrücken geschlagen. Dann erfolgt als thematische Bündelung die Verlesung des Markustextabschnittes. Nach und nach werden nun die Symboldarstellungen aufgedeckt und betrachtet.

Wieder beginnen wir mit leisem Klatschen der rhythmischen Einwürfe zu »Du hast uns, Herr, gerufen«.
Aus Mk 15 lesen wir die Verse 33 und 34. Zwei Mitarbeiterinnen meditieren im Dialog diese Szene:
»Die Sonne verlor ihren Schein. Die am Kreuz, mitten im Todeskampf, haben es wohl kaum noch bemerkt.«

»Aber die Soldaten mögen erschrocken zum Himmel geschaut haben. Was hat das zu bedeuten? Ist dieser Jesus doch mächtig wie Gott?«
»Die trauernden Freunde Jesu aber erlebten alles doppelt schmerzlich. Der, der ihre Sonne war, ihr Licht, ihre Hoffnung, starb nun, da mußte sich Gottes Himmel, Gottes Sonne verfinstern, in ihrem Herzen wurde es nun auch ganz dunkel.«
»Wer hatte da noch einen Funken Hoffnung. Jesus schrie seine Verlassenheit heraus. Ein Hauptmann aber erkannte nun: ›Dieser Jesus ist Gottes Sohn!‹«
»Wie muß ihn nun sein Gewissen geplagt haben: Gottes Sohn wurde umgebracht und er hatte bei dem Ganzen das Kommando geführt ...«
»Stunde des Gewissens unter verdunkelter Sonne.«
»Stunde der Trauer und verdunkelter Sonne, Stunde des Todes ...«

Es schließt sich das mehrmalige Singen des Gebetsrufes »HERR, ERBARM' DICH UNSER« mit den gestern eingeführten Bewegungen an.
Mitarbeiter sprechen dazwischen kleine Bittgebetssätze:
»Gott, wenn wir uns wie Jesus am Kreuz ganz verlassen vorkommen, dann tröste du uns ...«
»Gott, wenn alles um uns dunkel wird, dann nimm du uns bei der Hand ...«
»Gott, wenn niemand mehr helfen kann, wenn alles zu Ende zu sein scheint, dann kannst du noch immer alle Not wenden ...«
Nach Vaterunser und Segen wird als Zeichen der Osterhoffnung wieder gesungen »Dunkel soll es nun nicht bleiben...«.

Letzter Tag
Eingangsphase und erste Gruppenphase (Erzählung) verlaufen wie an den Vortagen. Heute wird in beiden Altersgruppen ein Teil des Osterberichtes von Markus (Kap. 16,1-7) erzählt. Das Osterlied »Dunkel soll es nun nicht bleiben« umrahmt die Erzählung.
Nun können die Kinder es schon so gut, daß in beiden Gruppen versucht wird, zu Strophe 1 und zum Refrain zu tanzen. Das Niedergedrückt-Sein des Textanfanges ist ebenso leicht darzustellen wie die Wende, der Aufgang der Ostersonne mit dem Halleluja als Antwort.
Der gesamte 2. Teil des letzten Vormittags aber weicht vom bisherigen Wochenablauf ab, alles wird in ein Fest integriert.
In einer Saalhälfte ist das übliche Fußbodenmahl vorbereitet, aber das festliche Schmücken der bunten Decken auf dem Boden und das Heranbringen von Kerzen (in festen Ständern) bleiben später den Kindern vorbehalten.

Abschlußfest:

Nachdem im Anschluß an das Erzählen der Osterbotschaft die Kinder Zeit für eine kleine Freispielphase hatten, sammeln sich alle im Gemeindesaal unter dem Lied »Wir wollen alle fröhlich sein ...«. Das Schwingen der Melodie wird mit angefaßten Händen mitempfunden.
Die Mitarbeiterinnen und Mitarbeiter haben sich zum Teil als Jünger und Jüngerinnen verkleidet, sie stürmen nun in den Saal: »Habt ihr schon gehört, Jesus soll auferstanden sein, das ist doch unglaublich – das können wir uns kaum vorstellen. Tot ist doch tot, da gibts nichts mehr oder?«
»Bei Gott ist nie alles zu Ende, er kann alles neu machen! Ja, er hat doch gesagt, daß am dritten Tag das Auferstehungsfest sein soll!«
»Wenn das wirklich stimmt, dann hätten wir ja Grund zum Feiern!«
»Am dritten Tag wird des Menschensohn auferstehen, so hat Jesus es versprochen.«
»Seht, statt der dunklen Sonne leuchtet heute ein ganz besonderes Licht! Von der Ostersonne laßt uns singen und tanzen ...«
Nun tanzen beide Gruppen nacheinander ihre Liedversion vor.
Dann wird gemeinsam unter immer erneutem Singen des Hallelujarefrains die Festtafel geschmückt mit Blumen und Kerzen. Das gemeinsame Mahl beginnt.
Nach dem Essen wird die Raummitte nochmals für ein symbolisches Sonnenspiel genutzt. Überall liegen dunkle und helle Streifen für das Spiel bereit. Impulsgeber sind zunächst die Mitarbeiterinnen und Mitarbeiter in ihren biblischen Verkleidungen.
Nochmals legen sie zunächst dunkle Streifen:
»Ach, was waren wir traurig.«
»Als Jesus begraben war, da schien alle zu Ende!«
»Ausgelacht, verspottet, angespuckt hat man ihn.« ... Etc.
(Zu jeder dunklen Aussage wird im Kreis ein dunkler Streifen gelegt.)
Nach und nach werden die Kinder miteinbezogen: »Was war denn noch so traurig und schlimm mit Jesus?«
Zu den Kinderäußerungen über das Passionsgeschehen wächst eine dunkle Sonne. Dann aber geben die Mitarbeiterinnen und Mitarbeiter wieder die Impulse für die Wende:
»Die Nachricht ist da: Jesus ist lebendig!«
»Er ist auferstanden, er läßt uns nicht allein!«
»Wo zwei oder drei zusammen sind in seinem Namen, da will er mitten unter ihnen sein.«
»Wo wir das Brot teilen, singen und beten, da ist er auch jetzt mitten unter uns lebendig!«

Nun werden die Kinder eingeladen mitzumachen: auch sie legen helle Streifen über die dunklen; die Ostersonne wächst!
»Wir freuen uns über das Fest.«
»Wir freuen uns beim Tanzen und Halleluja-Singen.«
»Wir freuen uns, daß Ostern ist.« Usw.
Anschließend wird aus der Mappe »Ostern entdecken« das Kontrastdia »Freude unter der Ostersonne« gezeigt. Die Kinder tauschen ihre Beobachtungen aus, schildern Farbe und Atmosphäre der leuchtenden Sonne, die Girlanden, die weit geöffneten Fenster und Türen. Die fröhlichen, tanzenden, jubelnden Menschen werden nun in einem Pantomimenspiel nachgestellt. Alle raten, welche Person des Dias ein Kind pantomimisch imitiert. Ja, so sieht es aus, wenn »eine fröhliche Nachricht sich ausbreitet«. Bei der ersten Osternachricht gab es viel Zweifler, heute ist das ähnlich, aber wir sind eingeladen, singend weiterzusagen:
»Traurigkeit, die soll nun enden,
Gott kann allen Kummer wenden ...«
Nach Vaterunser und Segen wird nochmals das Osterlied mit dem Halleluja-Refrain getanzt, die große Osterkerze brennt und will uns bei jedem Kindergottesdienst in Zukunft daran erinnern: Als die Ostersonne morgens aufging, da kam die Nachricht: Jesus ist lebendig!

Erfahrung:

Dieses Konzept wurde mit geringen örtlich und pädagogisch begründeten Änderungen in drei schleswigholsteinischen Gemeinden durchgeführt. Über das Sonnensymbol schien Ostern jedes Mal für die Kinder ein Stück anschaulicher und erlebbarer geworden zu sein.

Kapitel 5
Gotteskinder in aller Welt

Buchholzer Kindertage

Hilke Grabau, Carola Wagner, Martin Bergau

Für eine Woche in den Osterferien steht das Gemeindehaus im Zeichen der Kinder. Vormittags zwischen 9 und 13 Uhr werden nahezu alle verfügbaren Räume genutzt. Nach Alter (6 – 11) in Gruppen aufgeteilt erleben sie ein Thema von den unterschiedlichsten Seiten: mit Herzen, Mund und Händen! Morgens finden sich die Kinder ein; die Farbe ihres Namenbuttons zeigt die Zugehörigkeit zu einer (Alters-)Gruppe. Im Plenum werden die Kinder von der zentralen Spielfigur begrüßt: der Vogel Gisa begleitet die Kinder durch die Woche hindurch, nimmt Anteil an den Erlebnissen der Kinder und erzählt

selbst Geschichten aus der fernen Welt. Gisa nimmt die Fragen der Kinder auf und läßt sich Ergebnisse aus den Gruppen zeigen. Sie ist in ihrem Kleinsein, doch ausgestattet mit ausgezeichneten Flugeigenschaften, Identifikationsmöglichkeit für die Kinder, ihrer Phantasien und ihrer Sehnsüchte. Ein Moderator vermittelt im Gespräch zwischen ihr und den Kindern. Gisa führt auf diese Weise in das Thema des Tages ein und schließt es am Mittag auch wieder ab. Lieder zum jeweiligen Land oder Kontinent rahmen die Plenumsphasen.

Im Mittelpunkt der ersten Gruppenphase
steht das Gespräch. Die Kinder sprechen in ihren Gruppen über das Land und stellen Verbindungen zu ihrer eigenen Lebenswelt her. Daß der Schulunterricht in Indien mitunter auf dem Boden stattfindet, daß vorher gut gefegt sein muß usw., kann auf diese Weise sehr spannend sein.
Danach eilen die Kinder in den Tagesraum, in dem Mitarbeiter schon ein leckeres kleines Frühstück hergerichtet haben. Gerade für Kinder, deren Eltern berufstätig sind oder bei denen es einen relativ geregelten Alltagsablauf zu Hause nicht gibt, ist das gemeinsame Essen etwas ganz besonders Schönes. Wir besorgen dafür leckere frische Brötchen und kleine Köstlichkeiten.

Anschließend beginnt die Tobephase.
Wir benutzen dafür einen Ort draußen, den Platz vor dem Gemeindehaus oder den Pfarrgarten. Es gibt viele gute Spiele für Gruppen, die mit Rennen, Anfassen und Toben verbunden sind. Hier mischen sich die Teilgruppen auch noch einmal neu auf, die Kleinen spielen mit den Großen und umgekehrt.
Auf diese Weise ist nun wieder eine Basis geschaffen für die zweite Gruppenphase. In ihr wird etwas produziert, mit Material umgegangen, ein kreativer Prozeß. Wir achten dabei darauf, daß möglichst viel Naturmaterialien verwendet werden oder Gläser, Dosen, Becher etc., die vorher angesammelt wurden. Schuhkartons bekommt man zuhauf aus dem Schuhgeschäft, weiße Laken aus Beständen des Krankenhauses ...

Im abschließenden Plenum
werden dann die Ergebnisse mitgebracht, alle schauen sie an und zeigen ihre den anderen. Und Gisa, natürlich, kommt auch wieder, schon bald von den Kindern erwartet. Verabredungen für den nächsten Tag werden getroffen, Lieder und das Schlußgebet runden den Vormittag ab. *Bis morgen also!*
Die Kinder gehen nach Hause, während die Mitarbeiter noch zusammenbleiben, gemeinsam zu Mittag essen und die Dinge für den nächsten Morgen bereiten.
Zwei Bemerkungen zum Schluß: Das Thema ist nicht nur auf »Kinder in der 3. Welt« ausgerichtet, sondern ausdrücklich auf »alle«. Dabei muß man natürlich

auswählen. Wir haben daher in den Tagen, die einem Land oder Kontinent gewidmet waren, jeweils einen Schwerpunkt ausgewählt, unter dem wir das Thema angegangen sind: Alltag / Spielen / Soziale Verhältnisse / Schule. Diese Bereiche lassen sich eng mit dem Alltagsleben der Kinder in Buchholz verbinden. Betrachten wir sie aus den Blickwinkeln der Kinder, dann tut sich ein weites Feld von Anknüpfungspunkten auf.

Unser Bibeltext:

»Da brachte man Kinder zu ihm, damit er ihnen die Hände auflegte. Die Jünger aber wiesen die Leute schroff ab. Als Jesus das sah, wurde er unwillig und sagte zu ihnen: Laßt die Kinder zu mir kommen; hindert sie nicht daran! Denn Menschen wie ihnen gehört das Reich Gottes. Amen, das sage ich euch: Wer das Reich Gottes nicht so annimmt wie ein Kind, der wird nicht hineinkommen. Und er nahm die Kinder in seine Arme; dann legte er ihnen die Hände auf und segnete sie.«
Markus 10,13-16

Kinder kennen das: Etwas Aufregendes geschieht, Geschiebe und Gedränge, und die Kinder sehen nichts. Die Erwachsenen handeln, aber wo ist der Platz für die Kinder? Schließlich sind da welche, die wollen die Kinder zu Jesus bringen, damit er sie berühre. Doch werden sie abgeschoben, gar beschimpft. Wir können es uns gut vorstellen: Wer geschickt war und etwas Glück dazu hatte, der mochte als Kind eine Lücke erhaschen und beobachten, wie dieser Jesus mit den Menschen redete, mit ihnen zusammen den Tag verbringt. Aber für wen galt das schon? Jesus überrascht alle. Er läßt die Kinder nicht nur in seine Nähe. Er nimmt sie in seine Arme. In den alten Übersetzungen heißt es: er »herzt« sie, er nimmt sie sich zu Herzen, läßt sich ihre Gegenwart zu Herzen gehen – und Gefühle, davon verstehen Kinder besonders viel. Jesus geht noch einen Schritt weiter. Er legt seine Hände auf sie und segnet sie. Ein sinnlicher, anrührender Vorgang. Segnen, »mit einem Zeichen versehen«, ist eine Geste der Zuwendung und eine Geste des Vertrauens in ihre kleine Kraft. »Wenn Jesus Kinder segnet, dann sagt er damit: Gott lasse euch wachsen und gedeihen. Er gebe euch Glück. Er mache eure Hoffnungen wahr. Er gebe euch Frieden. Er gebe euch das Wohl des Leibes und das Heil der Seele. Er macht euch zu reifen, erwachsenen Menschen, zu Söhnen und Töchtern Gottes, denen der Sinn und Wert ihres Lebens gewiß ist.« (Aus: Jörg Zink: Gedanken zum Segen, Eschbach 1992, S. 23)
Zweierlei geschieht: Die Wahrnehmung der Kinder in ihrer eigenen Persönlichkeit, geradewegs und zugewandt. Ferner liegt in dem Segenshandeln begründet, was sich jeder Mensch auf der Welt wünscht: beachtet zu werden,

so daß unter dem Segen Gottes alles das Wirklichkeit werde, was Gott in ihn hineingelegt hat.
»Wahrnehmen« und *»Achten«* sind Schlüsselbegriffe für die Buchholzer Kindertage. Indem die Kinder mit fremden Lebensgewohnheiten vertraut werden, etwas davon ausprobieren (z.B. Spiele, Schulunterricht, Sprache oder auch ein bestimmtes Essen) und auf ihre eigenen Lebensverhältnisse beziehen, beginnt eine spannende Entdeckungsreise in fremde Welten.
Die Geschichte von der Kindersegnung ist Ausgangspunkt für die Kindertage und am Ende noch einmal Mittelpunkt, wenn im abschließenden Gottesdienst mit den Liedern, Erlebnissen und Erfahrungen der vergangenen Tage um den Segen für »Gottes Kinder in aller Welt« gebetet wird.

Bastelvorschläge
Afrikatag: Musikinstrumente aus Wegwerf- und Naturmaterialien
- Für die Musikinstrumente braucht ihr kaum Material einzukaufen, sondern ihr könnt sie hauptsächlich aus Abfallprodukten herstellen.
- Für Rasseln nehmt ihr 2 Joghurtbecher; füllt einen mit Steinen, Reis oder Erbsen (ergibt verschiedene Klänge), klebt sie an den Öffnungen zusammen und umklebt sie evtl. noch mit buntem Papier.
- Für eine andere Art von Rasseln braucht ihr eine kleine Astgabel, ein Stück Draht, eine Handvoll in der Mitte durchlöcherte Kronkorken. Die Kronkorken auf den Draht aufziehen und diesen wie auf der Zeichnung um die Astgabel wickeln.
- Für die Liedbegleitung dürfen Trommeln natürlich nicht fehlen. Hierfür braucht ihr eine alte Konservendose, etwas Farbe für die schönere Gestaltung der Dose und einen Trommelstab.

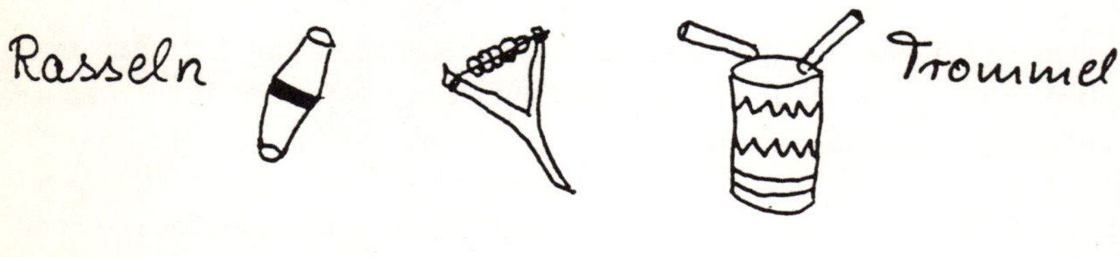

Grönlandtag: Fangbecher
Da die Inuits in Grönland ihren Lebensunterhalt hauptsächlich mit dem Fischfang bestreiten, haben wir für den »Grönlandtag« zwei Bastelvorschläge:
- Für die kleineren Kinder einen einfachen Fangbecher:
  Dazu braucht ihr ein quadratisches Papier, das ihr einmal schräg zum Dreieck zusammenlegt. Jetzt faltet ihr die rechte Ecke (B) an die gegenüberliegende Seite, dreht das Blatt um und faltet die Ecke C genauso.
  Die überstehenden dreieckigen Zipfel werden nun nach vorne und hinten

umgebogen. Nun befestigt ihr am Boden des Bechers eine Schnur (am besten mit einem Streichholz als Befestigung), an deren Ende eine Perle hängt. Für einen besseren Fang könnt ihr den Becher nun noch bemalen oder bekleben.

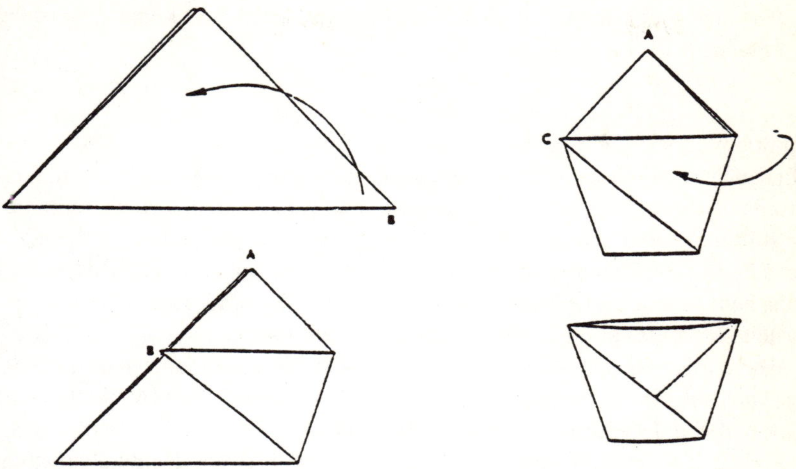

- Für die älteren Kinder einen Fischfangbecher:

Dafür braucht ihr vier Rechtecke aus Papier:
1 x 12,5 x 25 cm
1 x 10 x 20 cm
2 x 7,5 x 15 cm
Nun faltet ihr alle Papiere nacheinander auf die gleiche Weise. Dazu faltet ihr ein Rechteck zur Hälfte und klappt es wieder auseinander. Nun die Ecken an den Mittelbruch falten, und das gleiche noch einmal. Jetzt faltet ihr das Papier wieder auseinander. Die auf der Abbildung schraffierten Flächen

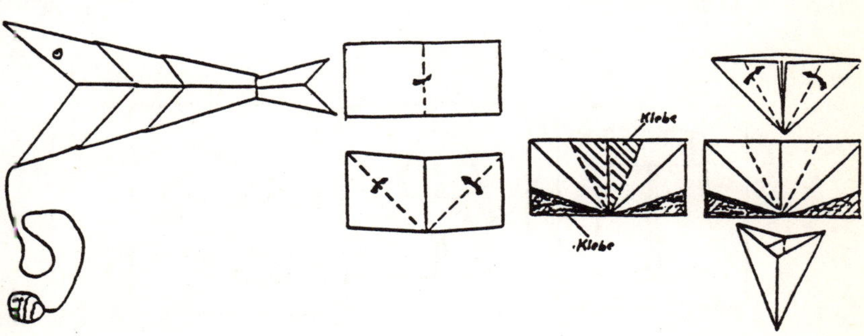

werden paarweise gegeneinander geklebt, so daß sie nach dem Kleben im Innern der Tüte sind.
Jetzt schiebt ihr drei Tüten schuppenförmig aufeinander und klebt sie fest. Für den Schwanz schneidet ihr die vierte Tüte an der Spitze ca. 1,5 cm ab und klebt sie umgekehrt an den Fisch. Zum Schluß befestigt ihr noch eine Perle mit einer Schnur am Maul des Fisches, und schon könnt ihr Fische fangen.

Schüttelgläser

Mit den Schüttelgläsern könnt ihr euch eine richtig schöne Winterlandschaft in Grönland selber machen. Es ist zwar nicht ganz einfach, aber wenn ihr sorgfältig arbeitet werdet, ihr eine Menge Spaß damit haben. Folgendes braucht ihr: Ein Marmeladenglas, Steine (vorher unbedingt abwaschen!), Muscheln, Wasser, Klebstoff, Glitter (findet ihr in Dekorationsgeschäften oder Bastelgeschäften) und eine Heißklebepistole mit Patronen.
Und so wirds gemacht: Zuerst überlegt ihr euch, wie eure Landschaft im Glas aussehen soll und klebt sie aus Steinen und Muscheln mit dem Heißkleber auf die Innenseite des Marmeladenglasdeckels und laßt es gut kalt und fest werden. Das Glas füllt ihr nun mit Wasser und Glitter. Mit der Heißklebepistole bestreicht ihr jetzt den inneren Rand des Marmeladendeckels und schraubt ihn dann ganz fest zu.

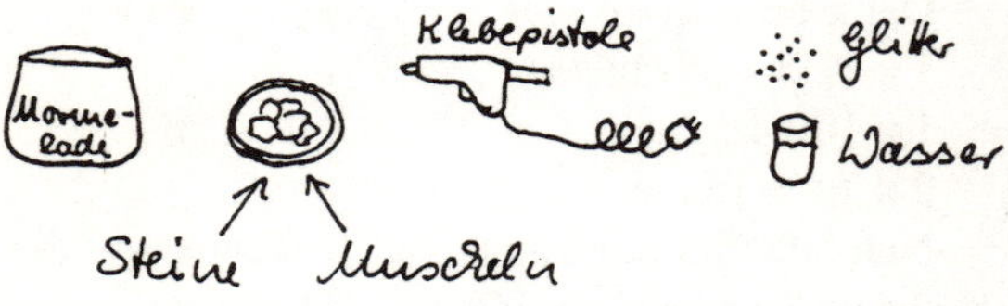

Eskimo aus Papiertaschentüchern

Dieser Bastelvorschlag eignet sich nur für die älteren Kinder, da er viel Fingerfertigkeit voraussetzt. Als Material braucht ihr mehrere Papiertaschen-

tücher, Kleber, Stifte oder Wasserfarben. Zunächst wird ein Taschentuch wie auf der Zeichnung gefaltet und aufgerollt. Mit Kleber das Ende des Tuches befestigen. Nun wird die Rolle zu einem Hufeisen geknickt und mit einem ca. 1,5 cm breitem Streifen umwickelt (als Bauch). In den oberen Teil wird eine kleine Papierkugel als Gesicht eingeklebt. Für die Arme wird nun eine 7 cm breite Rolle gefertigt und in Bauchhöhe um die Figur geklebt. Zum Schluß braucht der Eskimo nur noch die richtige Bemalung.

Südamerikatag: Wellblechhütten

Für die »Wellblechhütten« braucht ihr hauptsächlich Reststoffe, wie alte Pappen, Stoffreste, Wollreste und Scheren und Kleber. Mit ein wenig Wellpappe sehen die Hütten besonders echt aus. Auf einer festen Pappunterlage (ca. Din A 4) klebt ihr die Grundmauern eurer Hütte auf und schneidet Türen und Fenster hinein. (Noch einfacher geht dies, wenn ihr einen Schuhkarton als Hütte nehmt.)

Den Innenraum der Hütte könnt ihr nun je nach Phantasie mit Möbeln, Gardinen usw. aus Resten gestalten. Als Dach schneidet ihr euch Wellpappe zurecht und klebt sie auf die fertige Hütte, oder ihr macht es abnehmbar, damit Ihr auch besser damit spielen könnt.

Indientag: Webrahmen aus Ästen

Für diesen Bastelvorschlag müßt ihr erst einmal einen Waldspaziergang machen, um das Material zu suchen. Ihr braucht für einen Webrahmen 4 ungefähr gleich dicke Äste, die im Quadrat gelegt und an den Ecken mit Wolle umwickelt werden. Nun kann der Rahmen bespannt werden mit Wolle, die wie auf der Zeichnung beschrieben, um die Äste gewickelt wird. Ihr müßt darauf

achten, das die Bespannung auch fest genug ist, damit das Weben nicht so schwer wird. Nun könnt ihr mit Wolle, Stoffstreifen, Perlen und was euch sonst noch so einfällt, ein tolles Bild weben.

Familiennachmittag: »Gisavögel« aus alten Strümpfen

Für einen kleinen Gisavogel braucht ihr einen alten Strumpf (möglichst einfarbig), 2 Knöpfe (als Augen), 2 Pappschablonen für den Schnabel, etwas Filz, einige bunte Federn, Schere und Kleber.
Zunächst macht ihr vorne in den Strumpf einen Schlitz, der so groß ist, daß die Pappschablonen für den Schnabel hineinpassen. Diese schiebt ihr nun in den Schlitz und klebt die überstehenden Ränder des Strumpfes oben auf der Schablone fest, so daß ihr mit euren Fingern im Strumpf den Schnabel noch gut bewegen könnt. Nun klebt ihr das Filzstück in den Schnabel und die Augen (Knöpfe) oben auf den Kopf. Jetzt fehlen nur noch die Federn, die ebenfalls am ganzen Strumpf angeklebt werden und schon ist eure Gisa fertig.

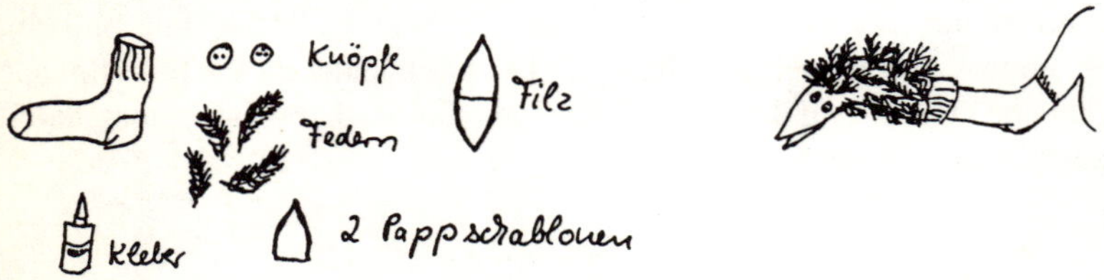

Gisa als große Handpuppe

Für die große Gisa-Handpuppe benötigt ihr hauptsächlich Filz (in schwarz, lila, pink und weiß), Augen, Füllwatte, eine Kugel für den Kopf, Nähgarn und viele bunte Federn. Den Bauch, Kopf und die obere Seite der Flügel schneidet ihr aus

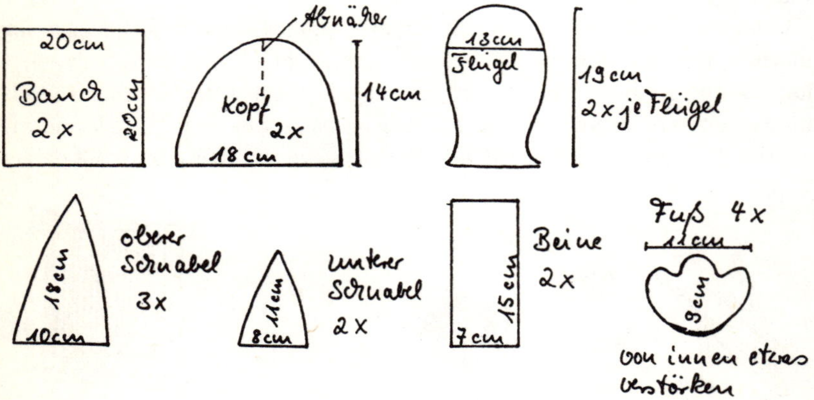

schwarzem Filz zu, die Beine, Füße und 2 Teile des oberen Schnabels aus lila Filz und den unteren Schnabel, sowie die Innenseite der Flügel und ein Teil des oberen Schnabels aus pinkfarbenem Filz. Die Teile könnt ihr jetzt zusammennähen und dabei darauf achten, daß die Nähte am Schnabel von außen einmal abgesteppt werden, und die Füße von innen mit einem zusätzlichen Stück Stoff verstärkt werden können. Die Beine werden mit Füllwatte ausgestopft und am Bauch festgenäht. Die Füße näht ihr mit der Hand an den Beinen fest. Nun werden die Augen mit je einem weißen Stück rundem Filz am Kopf befestigt, und der Kopf wird mit einer großen Styroporkugel und etwas Füllwatte ausgestopft. Zum Schluß müßt ihr nur noch viele bunte Federn an den Kopf, die Flügel und den Rumpf nähen, und fertig ist Gisa. Viel Spaß dabei!

Kinderbücher und Geschichten und den einzelnen Ländern

Afrika:
Kathrin Lutz-Marxner / Christoph Lutz: *Muraho – zu Besuch bei der Familie Sibomana*
Bilderbuch und Begleitband, Jugenddienst-Verlag, Wuppertal.

Grönland:
Donald Grant / Bernhard Plander: *Eskimos – Leben im ewigen Eis*
Reihe: Die Welt entdecken, Bd. 4, Ravensburger Verlag, Ravensburg.

Südamerika:
Reinhardt Jung: *Carlos und die Wellblechkinder*
Geschichte und Diaserie, 4. überarb. Aufl., Verlag »terre des hommes«, Osnabrück 1981.

Indien:
Barbara Eberhard Fischer / Dinanath Pathy: *Gita und ihr Dorf in Indien*
Bilderbuch und Begleitband, Jugenddienst-Verlag, Wuppertal.

Fritz Pawelzig: *»Bei uns im Dschungel ist immer was los ...«*
›Kinder, Kinder‹ Heft 4, Herausgegeben von der Kindernothilfe.

Spielebücher

Truus Nijhuis: *Afrikanische Kinderspiele*
Peter Hammer Verlag, Wuppertal.

Kinderspiele aus alle Welt
Unicef-Spielemappe.

Alle Kinder dieser Erde

2. Der Indianerbub im Westen und aus China Li-Wang-Lo,
auch der schwarze Afrikaner und der kleine Eskimo.
3. Alle sind genauso gerne froh und lustig auf der Welt,
freu'n sich über Mond und Sterne unterm gleichen Himmelszelt.
4. Spielen, lernen, singen, lachen, raufen sich auch mal geschwind.
Alle sind sie Gottes Kinder, welcher Farbe sie auch sind.
5. Laßt uns immer daran denken: Jedem Kind sein Land gefällt.
Wir sind alle Schwestern, Brüder in der großen einen Welt.

Text: Christel Süßmann, Musik: Bernd Schlaudt
Alle Rechte bei den Autoren

Wenn überall Land wär

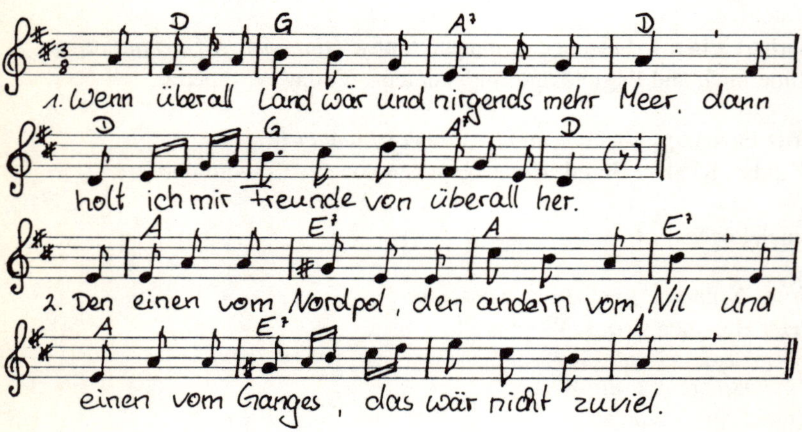

3. Aus Hütten und Häusern, aus Zelt und Iglu,
die Jungen und Mädchen, die nähm ich dazu. (wie 2.)
4. Dann springen wir alle, schwarz, weiß, groß und klein,
die Straße hinunter und laden dich ein. (wie 1.)

Text: Friedrich Hoffmann, Musik: Martin Gotthard Schneider
Aus: Sieben Leben möcht ich haben, Christophorus-Verlag, Freiburg/Br. und Verlag Ernst Kaufmann, Lahr/Schw.

Ich gebe dir die Hände

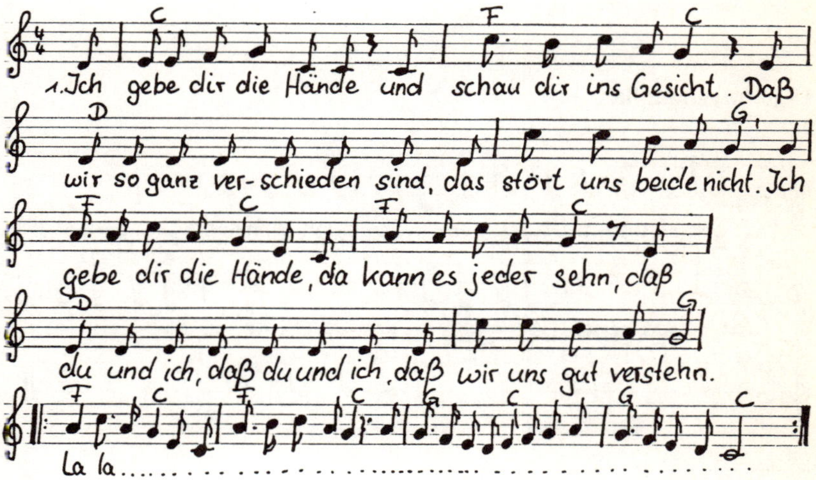

2. Wir bauen eine Brücke vom Mensch zum Menschen dann,
mit Liebe und mit Zuversicht vertraue dich mir an!
Wir halten uns die Hände und wolln die Brücke baun,
daß du und ich, daß ich und du einander stets vertraun.
3. So stark wird diese Brücke vom Mensch zum Menschen sein.
Und wenn wir fest zusammenstehn, dann stürzt sie niemals ein.
Wir halten uns die Hände und wolln die Brücke baun,
daß du und ich, daß ich und du einander stets vertraun.

Text: Rolf Krenzer, Musik: Ludger Edelkötter
Aus: Ich gebe dir die Hände
Alle Rechte im Impulse-Musikverlag, Drensteinfurt

Ja, Gott hat alle Kinder lieb

Text und Melodie: Margaret Birkenfeld
Aus: Sing mit uns ein neues Lied, Bd. 1
© 1975 Musikverlag Klaus Gerth, Asslar

U gonni, gonni ßa

Fassung: Johannes Holzmeister
Aus: Die Maultrommel
© Fidula-Verlag Holzmeister GmbH, Boppard/Rhein und Salzburg

Klatschspiel: Zweimal in die Hände klatschen, dann rechte Hand auf den linken Oberschenkel, dann linke Hand auf den rechten Oberschenkel
Tanz: Die Kinder fassen sich im Kreis an die Hand.

U gonni gonni ßa, u gonni	–	Kinder gehen rechts herum
U gonni gonni ßa, u gonni	–	Kinder gehn links herum
Wa wa wa hekoda, ja	–	Kinder drehen sich rechts herum um die eigene Achse und klatschen dazu
Wa wa wa hekoda, ja	–	Kinder drehen sich links herum um die eigene Achse und klatschen dazu
Uwi –, uwi –, uwi	–	all gehen in die Hocke (3 x)
pi – ki – ßi	–	rechts stampfen, links stampfen, Schlußsprung

Aram sam sam

Überliefert

Aram sam sam	–	Abwechselnd in die Hände und auf die Oberschenkel klatschen
gulli, gulli …	–	Hände vor dem Körper umeinander kreisen
Arabi, Arabi	–	Arme vor der Brust verschränken und sich verbeugen

Atte katte nuwa

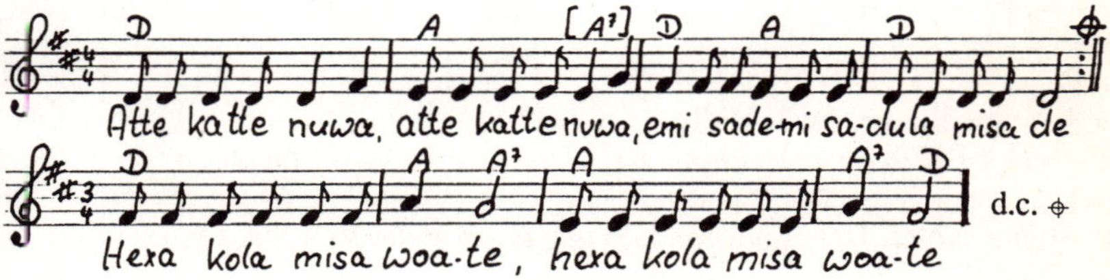

Traditionell von den Eskimos (Inuits)

Zum Singen des Liedes können die Abenteuer eines kleinen Eskimojungen als Bewegungsgeschichte dargestellt werden. Gesungen wird immer derselbe Text: zweimal ›Atte katte ...‹ einmal ›Hexa kola‹ und einmal ›Atte katte‹. Der Junge rudert aufs Meer hinaus, hält Ausschau nach Fischen, wirft das Netz aus, macht eine kleine Pause etc ...

Weitere Lieder:
- Wir haben Gottes Spuren festgestellt,
- Lieber Gott, ich danke Dir,
- Ein jeder kann kommen,
- Wir singen vor Freude,
- Wir sind die Kleinen in den Gemeinden,
- Kindermutmachlied,
- Jeder Teil dieser Erde,
- Herr, gib uns deinen Frieden,
- Halle-, Halle- Halleluja (Karibik).

Entnommen aus: *Du, laß dich nicht verhärten.* Ein Liederbuch für Jugend und Gemeinde, herausgegeben von Wolfgang Gerts und Tina Wolff-Egger, Gütersloher Verlagshaus, Gütersloh, 1988.

- Kommt alle her Halli-Hallo

Entnommen aus: *Mein Liederbuch für heute und morgen,* tvd-Verlag, Düsseldorf.

- Segne, Vater, Herz und Hand. Segne uns mit der Weite des Himmels

Text: Ki Ki Ta-Team / Musik: P. Janssens

Entnommen aus: Kurs: Gottes Erde, MC und Liedheft, Peters Janssens Musikverlag, Telgte 1985.

- Gottes Hände sind wie ein großes Zelt
  Text: Hans-Jürgen Netz / Musik: Fritz Baltruweit

Entnommen aus: Fritz Baltruweit: »Meine Liedertüte« / »Hörst du mein Freund ... ich wünsch' uns eine gute Welt«, Doppel-MC und Liederheft, tvd-Verlag, Düsseldorf 1993.

Kapitel 6
Kreuze kreuzen unsern Weg ...

Ein symboldidaktischer Kinderbibeltag

Wolfgang Longardt

Pädagogisch-theologische Vorbemerkungen
In der Praxisberatung des Hamburger »Evangelischen Zentrums Rissen« wurde ich als einer der Fortbildungsreferenten des Institutes oft mit der – schon von Tillich beklagten – Überliterarisierung des Kreuz-Symbols konfrontiert. Mitarbeiterkreise aus den Arbeitsfeldern Kindergottesdienst und Kinderbibelwochen suchten dagegen oft instinktiv nach elementarem Umgang mit dem Kreuzsymbol.
So entstand aus Arbeitsgruppenbesprechungen das nachstehend geschilderte Grundkonzept, das bei der Erfahrungswelt der Kinder, die vielfältigen Kreuzen begegnen, ansetzt, das Kreuzsymbol aber auch umspielt und meditiert, bis schließlich auf der Spur von 1. Kor. 1,18 das Kreuz Christi in den Blick kommt. Aus dem Liederbuch des Verlags Ernst Kaufmann »Sieben Leben möcht' ich haben« entnahmen wir als roten Faden für den ganzen Kinderbibeltag den Refraintext eines Liedes von M.G. Schneider:
Kreuze kreuzen unsern Weg,
Zeichen des Leidens und Zeichen zum Hoffen,
allen Menschen steht Gottes Liebe offen.

Materialien:

Für die kreativen Gestaltungsphasen beschaffen wir jeweils 20 – 30 möglichst einfarbige Teppichfliesen, sowie viele Wollreste in allen Farben (in hellen und dunklen!).

Lieder:
Unsere Gebetsrefrains waren zum Danken:

(mündlich überliefert)

und zum Bitten:

Text: Liturgie; Melodie: Peter Janssens

Aus: Ein Halleluja für dich, 1973
Alle Rechte im Peter Janssens Musik Verlag, Telgte

Ein gesungenes Gebet ist auch der immer wieder benutzte Kanon »Schenk uns Zeit«

Kanon Text: Rolf Krenzer; Musik: Detlev Jöcker

Aus: Solange die Erde lebt
Alle Rechte im Menschenkinder Verlag, Münster

Für Prozessionen benutzten wir das Lied »O Kreuz, du heiliges Zeichen«

Text: Konstanz 1600
Melodie: Erfurt 1630
Aus: Magnificat Nr. 390, Gebet- und Gesangbuch, Regensburg

Zeit – und Inhaltsplanungen:

8.30 Uhr Ankunft der Kinder, die gebeten wurden, je ein einfarbiges, kleines Tuch (etwa im Halstuchformat) mitzubringen. Während der Begrüßungsrunde wird der Kanon »Schenk uns Zeit« eingeübt. Jedes Kind wird gebeten, sich vorzustellen und in der Farbe seines mitgebrachten Tuches etwas zu nennen, was es gut leiden mag: eine Blume, ein Tier, ein Spielzeug etc.

9.00 Uhr Wir lernen den Spruch des Tages »Kreuze kreuzen unsern Weg ...« (bald flüsternd, bald sehr laut, bald im Echo, bald in der Lautstärke an- oder abschwellend, bis jedes Kind diese Zeilen beherrscht.)

9.15 Uhr Wir besichtigen in der jeweiligen Kirche das Altarkreuz und tragen aus der Erinnerung der Kinder die Geschichte der Kreuzigung Jesu zusammen. Abschließend hören wir dies als Lesung: Mt. 27,31-44. Mit der gesungenen Bitte »Schenk uns Zeit ...« schließt diese Phase.

9.45 – 10.15 Uhr In mehreren Gruppen, die nicht nach Altersgruppen, sondern nach Farben der Tücher gebildet werden, entstehen auf den Teppichfliesen Wollfadenbilder: Welche Kreuze treffen wir außerhalb der Kirche?

10.15 – 10.30 Uhr Saft- und Obstpause.

10.30 – 11.15 Uhr Weitere Gruppenarbeitsphase: Betrachten und Deuten der Wollfadenbilder, Auswählen von zwei oder drei Bildern, die im Plenum allen Kindern gezeigt werden sollen.

11.15 Uhr Betrachten der ausgewählten Bilder, die schließlich zu einem Fußbodenkreuz zusammengelegt werden, Erlernen des Liedes »Kreuz, du heiliges Zeichen«.

12.00 – 13.00 Uhr Gemeinsames Mittagessen, anschließend Freispielphase.
13.00 Uhr Wir treffen uns erneut alle gemeinsam zu pantomimischen Übungen (Darstellen von Straßenkreuzungen, Wegkreuzen, Bergkreuzen, Denkmälern in Kreuzform etc.).
13.45 Uhr Gruppenarbeitsphase: wir gestalten »Geschichtenkreuze«, die viel von Jesus erzählen. (Teppichfliesen werden zu Fußbodenkreuzen gelegt und mit nassen Wollfäden entstehen Darstellungen von Jesus-Geschichten).
14.45 Uhr In den Gruppen üben wir zum Kreuz-Lied den sogenannten »Pilgerschritt«: in ruhigem Tempo kommt auf jedes dritte Viertel ein Schritt. Zu diesem ruhig-schwingendem Grundrhythmus legt jedes Kind die linke Hand auf die Schulter des vor ihm stehenden Kindes. In langer Reihe schreiten wir nun jeweils auf die Taktbetonungen drei Schritte nach vorn und den vierten zurück: Wie eine kleine Ruhepause oder Verzögerung auf der »Pilgerreise«.
15.45 – 16.00 Uhr Erneute kleine Saft- und Obstpause.
16.00 – 16.45 Uhr Ein kleines »*Kreuz*-Fest« zum Tagesausklang.

Erläuterungen zur ersten Gruppenphase (ab 9.45 Uhr):

Die Kinder legen mit nassen Wollfäden auf Teppichfliesen: Unfallwagenbilder mit großem roten Kreuz, Friedhofsbilder mit Grabkreuzen, Darstellungen von Bergkreuzen, aber auch von »unbeschrankten Bahnübergängen«.

Erläuterungen zur zweiten Gruppenphase (ab 10.30 Uhr):

Die Kinder erzählen zu ihren Bildern recht freimütig, sei es von Unfällen, wie auch von Friedhofsbesuchen, von Bergwanderungen, an denen sie Gipfelkreuze gesehen haben, wie auch von Landekreuzen für Rettungshubschrauber. Im zusammenfassenden Gespräch kommt heraus, daß Kreuze nicht übersehen werden wollen, daß sie »Achtungszeichen« sind: »Übersieh es nicht, denk daran!«

Erläuterungen zur pantomimischen Arbeitsphase:

Jedes Kind legte sich auf den Boden, zunächst mit angelegten, später mit ausgebreiteten Armen, so wurde die Kreuzfigur entdeckt. Das Ganze erfolgte dann ebenso im Stehen.
Die Straßenkreuzung, an der sich Wege kreuzen, wurde oft so dargestellt, daß Kinder zum einen Häuserfronten, aber auch (liegend) Bordsteinkanten darstellten. Nun konnten diese Kreuzungen pantomimisch begangen werden, Spazierwege kreuzten einander.
Es wurde aber auch deutlich, daß eine Straßenkreuzung mehrere Wegmöglich-

keiten bietet: ich kann über meine Wegrichtung entscheiden. Größere Kinder fügten auch an, daß große Straßenkreuzungen zur Orientierung helfen.
Denkmäler in Kreuzform wurden als Gruppe dargestellt, wobei zumindest den Schulkindern deutlich gemacht werden konnte, daß ein solches Kreuz – Denkmal mit Jahreszahlen eines mörderischen Krieges eben zu uns sagen will: »DENK MAL DARAN.«

Erläuterungen zur Gruppenarbeit »Geschichten-Kreuze«:

Unter den auf Fliesen gelegten Geschichten war immer Jesu Geburt in Bethlehem, sehr oft Kindersegnung, aber auch die Zachäus-Geschichte und der Einzug in Jerusalem.
Weil die zusammengelegten Fliesenbild-Kreuze fast nur Geschichten enthielten, in denen Jesus Gutes getan hat, tauchten in den Kindergesprächen mehrfach Aussprüche auf wie: »Und so einen Guten haben sie gekreuzigt!« Gelegentlich drangen ältere Kinder dann darauf, auch Feinde und Gegner Jesu noch auf zusätzlichen Fliesenbildern darzustellen, etwa Schimpfende vor dem Haus des Zachäus.

Erläuterungen zum »Kreuz-Fest«:

Weil immer Platz zum Bewegen sein sollte, saßen die Kinder stets auf Sitzkissen auf dem Boden (trafen wir uns in Kirchen, dann saßen wir auf Sitzkissen im Altarraum).
In den Gemeindehäusern war ausreichend Platz ein Geschichten-Kreuz aus den Fliesen aller Gruppen in die Raummitte zu legen. Aus den vier Ecken des Raumes konnten sich singend kleine »Pilger-Reihen« dem Kreuz nähern: »O, Kreuz, du heiliges Zeichen ...«.
Dann setzten sich alle im großen Fußbodenkreis auf Kissen um das Fliesen-Kreuz.
Weil man Geschichten leider auch vergessen kann, wurden nach kurzer erneuter Bildbetrachtung alle Wollfäden entfernt, so daß ein »leeres meist grau-braunes Fliesenkreuz« vor den Kindern lag. Nun begann meist eine kleine Meditation, in deren Verlauf brennende Kerzen auf das Kreuz getragen wurden:
»Den ganzen Tag denken wir nun schon über Kreuze nach. Wie entsteht ein Kreuz anders, als eben dadurch daß sich zwei Linien oder zwei Hölzer oder zwei Wege treffen. Da wo sich Linien oder Wege treffen, ist der Schnittpunkt der Kreuzung, die Mitte. Immer wieder wandern unsere Augen dahin ...«
(Alle sprechen den Vers »Kreuze, kreuzen unsern Weg ...«)
»Da ist eine Straßenkreuzung, plötzlich geschieht ein Unfall, jemand hat nicht

gut aufgepaßt, ein Rettungswagen muß gerufen werden. Schon von weitem ist ein Signal zu hören. Ein großes »ROTES KREUZ« ist auf den Wagen gemalt. Wir denken und bitten: »Gott, hoffentlich kann den Verletzten geholfen werden!«
Soviel hatten sie sich vielleicht heute vorgenommen, nun sind alle Pläne durchkreuzt.«
(Alle sprechen den Vers »Kreuze kreuzen unsern Weg ...«)
»Ein Stück weg von der lauten Straßenkreuzung ist ein Park, gleich am Eingang steht ein steinernes Kreuz mit einem Kranz davor. Auf dem Kreuz stehen Jahreszahlen eines Krieges. Es ist ein trauriges Denkmal, das sagen will: ›Denk mal, wieviel Pläne hat dieser mörderische Krieg durchkreuzt. Menschen, die noch ganz jung waren, sind gestorben, andere weinten und trauerten um sie, all ihre Wünsche und Hoffnungen wurden durchkreuzt.‹«
(Alle sprechen den Vers »Kreuze kreuzen unsern Weg ...«)
»Oben auf manchem Berg steht ein Gipfelkreuz, nach langer beschwerlicher Wanderung ist man am Gipfel. Weit kann man von oben sehen, da zieht auch das Kreuz unsere Blicke auf sich. Hier oben ist es still, hier oben ist Ruhe zum beten, hier oben ist Zeit, Gott zu danken für seine großartige Schöpfung; hier oben ist Zeit, an Menschen zu denken, die vielleicht an diesem Berg verunglückt sind. Auch ein Gipfelkreuz sagt leise: ›Denk mal nach, denk mal daran‹.«
(Alle sprechen den Vers: »Kreuze kreuzen unsern Weg ...«)
»In jeder Kirche finden wir ein Kreuz, fast immer vorn am Altar. Oft ist Jesus darauf dargestellt mit ausgebreiteten Armen, so als sagte er: ›Kommt her, hier ist auch viel durchkreuzt. Hier ist durchkreuzt, was euch Sorge macht, hier ist Schuld durchkreuzt, hier ist durchkreuzt, was euer Gewissen bedrückt.‹ Und das Kreuz reicht bis Ostern, da ist dann der Tod durchkreuzt. Jedes Kreuz in der Kirche sagt leise: ›DENK MAL‹ an Jesus, an seinen Weg, sein Leiden und Auferstehen für uns.«
(Alle sprechen den Vers: »Kreuze kreuzen unsern Weg ...«)
Nochmals wird (jetzt im Sitzen) gesungen: »O, Kreuz, du heiliges Zeichen.«
Nach und nach sind immer mehr brennende Lichter auf das Kreuz, vor allem in den Schnittpunkt, in die Mitte gestellt worden. Wenn nun von Jesu Tod erzählt wird, dann löschen die Kinder diese Kerzen aus.
Leise wird das den Kindern vom Kindergottesdienst vertraute »Herr, erbarme dich, erbarme dich ...« angestimmt.
Zu kleinen freien Erzählungen der Mitarbeiterinnen und Mitarbeiter vom Ostermorgen, von der Nachricht, daß Jesus lebendig ist, wird eine große Osterkerze angezündet und in die Kreuzmitte gestellt. Weil die freudige Nachricht sich ausbreiten soll, weil alle unsere Osterfreude mitspüren sollen, wird nun das Kreuz umgeschmückt; in ein Triumphkreuz, in ein Zeichen des

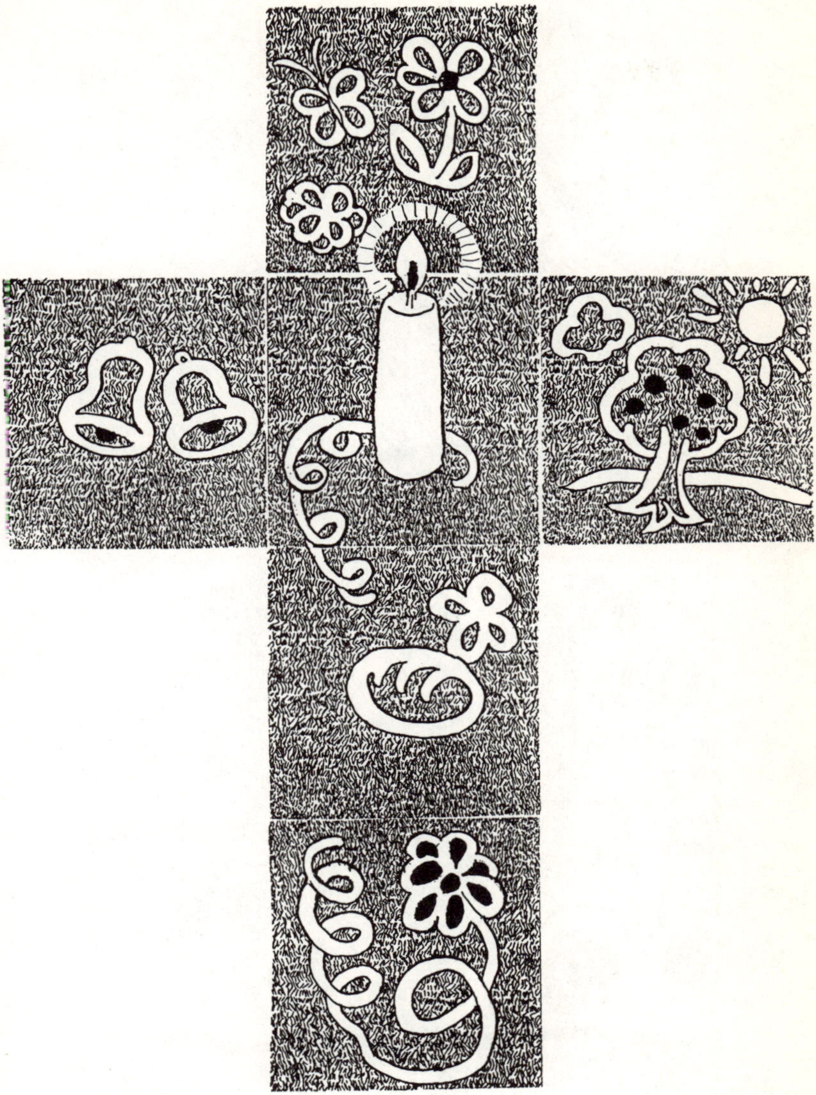

neuen Lebens. Die Kinder legen aus bunter Wolle Blumen, Glocken, Girlanden, Osterbrot usw. auf die Fliesen.
Stehend wird für die Osterfreude gedankt. Dazu kennen die Kinder vom Kindergottesdienst her den Refrain »Gott sei Dank, halleluja!«
Vom Mitarbeiterteam werden immer wieder kleine Danksätze eingefügt wie:
»Guter Gott, die Traurigkeit ist durchkreuzt, alles Dunkle besiegt, darum singen und danken wir ...« (Refrain wie oben);
»Guter Gott, du hast Jesus auferweckt, nun können wir fröhlich sein, nun können wir Ostern feiern, das Kreuz ist zum Siegeszeichen geworden ...« (Refrain wie oben);
»Guter Gott, an jeder Straßenkreuzung können wir eine neue Wegrichtung einschlagen, an deinem Kreuz können wir auch einen neuen Weg beginnen, den Weg zum Leben, den Weg zur Freude, den Jesus-Weg zum Frieden ...« (Refrain wie oben).
Mit dem Vaterunser und einem Segensgruß schließt der Tag.

Erfahrungen aus drei Hamburger Gemeinden, die mit geringen Abwandlungen dieses Grundkonzept erprobt haben

A. Auf Wunsch der Kinder wurde das »Sich-Bekreuzigen« am Schluß des Kindergottesdienstes eingeführt. Der Tag hatte Spuren hinterlassen.

B. Im Vorraum eines evangelischen Kindertagesheimes wurde auf Initiative der Kinder ein kahles, dunkelgrünes Stahlkreuz an der Wand des Foyers nach Ostern zum Triumphkreuz geschmückt.

C. In einer Gemeinde meinte ein Schulkind nach der Kreuz-Meditation: »Das Plus-Zeichen« ist auch ein Kreuz, kein schlechtes, ein gutes, es kann sagen: DENK MAL, ob noch Schönes hinzukommt! Es ist nämlich kein Minus, wo etwas knapper wird. Kinder im Kindergottesdienst dieser Gemeinde ergänzten es: »Das UND-KREUZ heißt DENK MAL mit dem Tot-Machen von Jesus ist es nicht alles vorbei. Ätsch, *und* Ostern kommt trotzdem noch nach!«

D. Mitarbeiterinnen einer Gemeinde erklärten nach diesem Tag, »die Vieldeutigkeit des Kreuzes sei ihnen neu aufgegangen, vom Markierungs- und Achtungszeichen, über die Wegkreuzung mit neuen Entscheidungsmöglichkeiten zum Triumphkreuz von Ostern.«

E. In der vertiefenden Nacharbeit zweier Gemeinden entstand schließlich der Wunsch, das Wort von 1. Kor 1,18, das gewiß für die Kleinen zu schwer ist, jedoch inhaltlich erarbeitet wurde, wenigstens den Großen, die diesen Tag mitgemacht hatten, als Erinnerung an die Hand zu geben.

Die Schulkinder bekamen im Fotokopierer vervielfältigte Urkunden: Du warst dabei, als wir den Kinderbibeltag »Kreuze kreuzen unsern Weg« gefeiert haben ... Dabei stand – wie eine Zusammenfassung der Haltung aller Spötter und der über das Kreuz Schimpfenden, wie auch der anderen, die nun Hoffnung kennen – das obengenannte Korinther-Wort.
Den Kleinen wurde als Erinnerungsurkunde auch ein Text überreicht: Du warst dabei, als wir den Kinderbibeltag »Kreuze kreuzen unsern Weg« gefeiert haben. Weißt Du noch, wie das Jesus-Geschichtenkreuz aussah? Hier kannst Du Dir noch eines malen ...
Bei vielen Kindern hingen diese Erinnerungsurkunden lange über ihren Betten zuhause. Manche Eltern werden den Text immer wieder gelesen haben.

Kapitel 7
Vom Licht und vom Leuchten

Ein vorweihnachtlicher Kinderbibeltag mit zwei Vergleichsgeschichten

Wolfgang Longardt

Vorbemerkung:

Bei Praxisbesuchen innerhalb meiner Referententätigkeit im Hamburger »Evangelischen Zentrum Rissen« bin ich in der Advents- und Weihnachtszeit oft auf das Problem gestoßen, daß Kinder nach dem »Heiligenschein« um die Häupter von Jesus, Maria und Josef gefragt haben, Mitarbeiter und Mitarbeiterinnen diese symbolische Darstellungsweise aber nicht zu deuten vermochten.
In Werkstattseminaren und Arbeitsgemeinschaften entstand das nachstehende Konzept eines Kinderbibeltages, das in mehreren Hamburger Gemeinden – jeweils auf die örtlichen und pädagogischen Gegebenheiten abgewandelt – durchgeführt wurde.
Neben symboldidaktischen Aspekten geht es auch um einen klärenden Vergleich zwischen einem modernen Märchen von Gianni Rodari »Giacomo, der Kristall« und der biblischen Erzählung von »Jesu Verklärung« nach Mk. 9,1-9.

Zur Grundkonzeption des Tages

Eingebettet in liturgische Rituale, wie das Entrollen und Heben eines weißen Bändersternes zum leisen Gesang. »Er leuchtet still, der Stern, der etwas sagen will: Gott sendet Licht, vergißt uns nicht«, sollten zwei Geschichten vom Leuchten verglichen werden: das leuchtende Beispiel eines Menschen (Rodari-Märchen), dessen Licht aber eines Tages verlöschen mußte, und die neutestamentliche Erzählung von Jesu Verklärung, über die Jesus verbot, vor seiner Auferstehung etwas weiterzuerzählen.
Über Kinderzeichnungen zum Rodari-Märchen, in denen von einem Menschen ein Leuchten ausgegangen ist, soll der Weg führen zu Jesu Licht, das zunächst nur drei Jünger erleben durften, das aber nun nach Ostern nicht mehr erlischt und für uns erfahrbar ist.
Zur Advents- und Weihnachtszeit bedenken wir die verwandelnde und Hoffnung gebende Kraft dieses göttlichen Lichtes besonders. Unsere frommen

Maler wollten symbolisch ausdrücken, wie viel Leuchten von Jesus ausgegangen ist, damals freilich vielen verborgen ...
Zum Schluß soll in einer gemeinsamen Krippen- und Lichtdarstellung die Freude über das Weihnachtslicht Gestalt gewinnen.

Zeitablauf des Tages:
9.00 Uhr Begrüßung, Eingangsaktion, zusammen Singen
9.30 Uhr Erzählung des Märchens, »Giacomo, der Kristall«, aus: D. Steinwede (Hg.): Das Hemd des Glücklichen. Ein Arbeits- und Vorlesebuch. Märchen zur religiösen Erziehung, 5. Aufl., Gütersloher Verlagshaus Gerd Mohn, Gütersloh 1988.
9.45 Uhr Malaktion einer selbstgewählten Szene des Märchens
10.15 Uhr Besichtigung der Bilder und Deutungsversuche (Ein Mensch gibt anderen ein leuchtendes Beispiel. Wie ist das gemalt worden?)
gegen 10.45 Uhr Erfrischungspause mit Obst und Getränken
11.15 Uhr zwei parallele Angebote:

- Die jüngeren Kinder (bis etwa 7 Jahre) tanzen das religiöse Kinderlied: »Tragt in die Welt nun ein Licht« (»Spielbuch Religion«, W. Longardt, Verlag Ernst Kaufmann, Lahr).
- Die älteren Kinder erspielen in zwei Gruppen, die sich ihre Rätselpantomimen schließlich gegenseitig vorspielen, Redensarten vom Licht und von der Sonne.

Danach ist bis zum Mittagessen Freispielzeit
12.00 Uhr Gemeinsames Mittagessen
12.45 Uhr Das Lied »Tragt in die Welt nun ein Licht« wird von den Kleinen den Größeren vorgetanzt, die dann anschließend mittanzen dürfen.
13.00 Uhr Zweite Erzählung (parallel wieder in zwei Altersgruppen wie oben angegeben) »Jesu Verklärung – er leuchtet wie die Sonne« (nach Markus 9,1-9).
Anschließend wird in jeder Gruppe ein Vergleich zwischen beiden Geschichten gezogen.
14.00 Uhr Gemeinsam – beide Gruppen vereint – wird der Kanon »Wie ein Licht, wie ein Licht, das hell und rein, kam der Herr, kam der Herr, war noch arm und klein« vor einem weihnachtlichen Dia[1] eingeführt. Eine kleine Bildbetrachtung, in der es um den hellen Schein, um das Jesus-Kind geht und Spontaneindrücke der Kinder gesammelt werden, schließt sich an.
14.45 Uhr Schlußphase mit dem Singen aller Lieder und Kanons des Tages, einer gemeinsamen spontanen Wandcollage »Licht geht vom Stern und von der Krippe aus«, dem Heben des Bändersternes, sowie Gebet und Segen.

1. Statt eines fertigen Krippenbildes kann auch ein Rußdia benutzt werden. Zur Technik des Rußbild-Malens siehe in »Spielbuch Religion«, S. 121, W. Longardt, E. Kaufmann-Verlag.

Benötigte Materialien:

Bunte Namenskärtchen, selbst zu beschriften, weiße oder hellgelbe Bänder (notfalls aus einem alten Bettlaken zuschneiden und vorher säumen), Malpapier, Wachsmalstifte und für die Schlußcollage ein Krippenumriß aus Packpapier, um den wir dann gelbe Sternenstreifen kleben oder mit Pinwand-Nadeln anheften. Die Sternenstreifen müssen in ausreichender Zahl vorbereitet sein, am besten auch in unterschiedlichen Größen.
Achtung: die Wandcollage darf nicht zu hoch befestigt sein, alle Kinder müssen die Grundfläche – vielleicht aus Tapetenrückseiten – an der Wand gut erreichen können.

Zum Ablauf

Da wir in den Gemeinden jeweils einen schulfreien Samstag für unser Programm ausgesucht haben, den die Eltern gern noch für Festeinkäufe und andere Vorbereitungen (ohne die Kinder) nutzen wollen, kamen jeweils wesentlich mehr Kinder als erwartet in die Gemeinderäume. So war es immer gut, wenn viele bunte Namenskärtchen bereitlagen, ebenso Stifte und Tesakrepp zum Ankleben.

A: Begrüßungs- und Eingangsphase:
In der Praxis hat sich ein gleitender Anfang bewährt, rechtzeitig erscheinende Kinder dürfen sich nach dem Ausfüllen oder Bemalen der Namenskärtchen nicht langweilen. So haben wir immer sofort mit allen, die schon da waren, gesungen. Die Lieder waren manchmal über Folie und Overheadgerät an die Wand projiziert oder großflächig auf Tafeln, bzw. Pappen geschrieben. Liedblätter stören meist die Bewegungsaktion der Kinder. (Darum sind, etwa auf den großen Kinderkirchentagen, die »Umhängeliederbücher« so beliebt und bewährt!)
Waren dann alle Kinder angekommen, begann jeweils die Begrüßung fröhlich und anschaulich: alle Mitarbeiterinnen und Mitarbeiter (oft auch junge Eltern) trugen etwas, was leuchtet, in den Raum (Kerze, Stall-Laterne, Fahrradlampe, Wunderkerze, eine aufgemalte Sonne, Sterne, eine Leselampe usw.). So konnte das Thema gleich klargemacht werden: Es geht heute um manches, was leuchtet. Da viele Kinderaugen erwartungsvoll »strahlten«, konnten wir auch immer darauf verweisen, daß auch Menschen leuchten können!
Dann begann die liturgische, still machende Aktion rund um den Bänderstern. Noch lag er in er Saalmitte zusammengerollt, recht klein. Die Kinder erlernten den Kanon »Er leuchtet still« (nach der Melodie »Das wünsch ich sehr«), sangen dies bald mit Text, bald summten sie leise diese Melodie:

2. Wir tragen ihn, den Stern durch die Lande hin,
Gott sendet Licht, vergißt uns nicht!

Text: Wolfgang Longardt
Musik: Detlev Jöcker
Aus: MC und Liedheft »Das Liederbuch zum Umhängen 1«
Alle Rechte im Menschenkinder Verlag, Münster

Dann erklärt eine Mitarbeiterin unser Sternenbänderspiel: »Licht ist leise, Sterne sind leise, – das wollen wir nachspielen. Helle Bänder stellen unseren Stern dar, aber zuerst müssen die Strahlen des Sternes wachsen, wir müssen langsam, während alle summen, die Bänder nach allen Richtungen entrollen. Bitte versucht sehr, sehr langsam zu rollen. Dann wollen wir den Stern in seinen Bändern ganz langsam heben, ihn steigen lassen, und alle Kinder singen dann den Text »Er leuchtet still ...«.
So ähnlich klang meist die Spielanleitung. Damit beim fertig entrollten Bänderstern nicht ein kräftig ziehendes Kind seinen Strahl zu sich herüberreißen konnte, befestigten wir in der Sternenmitte, da wo die Bänder sich kreuzen, mehrere große Sicherheitsnadeln.
Erfahrungen: Beim ersten Versuch strafften die Kinder die Bänder meist nicht genug, doch das übte sich rasch. Schon beim zweiten Versuch, einen Bänderstern als Weihnachtsstern über uns aufgehen zu lassen, klappte es besser, langsamer, schöner, auch leiser. Damit alle sich am Stern freuen konnten, baten wir die Kinder, die nur gesummt und gesungen hatten, sich beim nächsten Mal auf den Boden zu setzen, so konnten alle den aufgehenden Stern besser sehen.

B. Erste Erzählung:
»Alle staunten schon über Giacomo, als er noch klein war, sein Wesen war von solcher Offenheit, voller Klarheit und Ehrlichkeit, daß man ihn »Giacomo, den Kristall« nannte. Als er ein einziges Mal etwas Unwahres sagte, da sahen es alle ihm an der Stirn an, von dem Tage an legte er die Lüge ab und sagte sein Leben lang nur immer die Wahrheit.
Als er heranwuchs, kam ein böser König auf den Thron, der mit Unrecht, Gewalt und Lüge regierte. Giacomo aber enthüllte in seinen Worten die Wahrheit, er

sprach gegen den bösen, ungerechten König für Gerechtigkeit im Land. Viele fürchteten sich vor dem bösen König, aber nicht so »Giacomo, der Kristall«. So gab er vielen Menschen im Lande Hoffnung, alle sahen und hörten auf ihn, auf sein »leuchtendes Beispiel«.
Da ließ ihn der König hinter dicken Mauern ins Gefängnis werfen, aber weil die Wahrheit leuchtet, strahlte es von Giacomos Gefängniszelle durch die Mauern hindurch nach außen.
So war es trotz aller böser Dinge, die der König im Land tat, nicht ganz hoffnungslos und dunkel. Das Leuchten, das von Giacome ausging, drang bis in den Palast und die Zimmer des Königs, er befahl, dicke Vorhänge vor alle Fenster zu ziehen. Doch Giacomo leuchtete weiter, vielen zur Freude, dem König zum Ärger.
Einmal aber, so müssen wir uns vorstellen, ist er gestorben, dann ist es wohl im Land des bösen Königs ganz dunkel geworden ...«.

Nach der Erzählung haben die Kinder Gelegenheit, ihre Gedanken und Gefühle zu dieser Geschichte zu äußern.

C: Malphase:
In zwei in Altersstufen getrennten Gruppen beginnt das Malen ausgewählter Szenen des Märchens.

Die Kinder fasziniert fast immer, daß hier ein Mensch, der für Wahrheit und Gerechtigkeit eintritt, »leuchtet«. Sie wählen vielfältige Darstellungsmöglichkeiten: einige malen, wie aus den Gefängnismauern gewaltige Strahlen kommen, andere stellen nur Giacomo dar, aus dessen Herzgegend es warm und hell leuchtet. Wieder andere setzen die gesamte Figur in einen Strahlenkranz. Die Älteren fügen oft Sprechblasen dazu, wie Giacomo von Wahrheit und Gerechtigkeit redet ...
Nun schließt sich eine intensive Phase der Bildauswertung und der Deutungsversuche an, zunächst in den Gruppen, dann im Plenum.
Zusatzbemerkung: Zweimal ist es in Gemeinden dazu gekommen, daß schon an dieser Stelle, Kinder von Jesus und den Heiligenschein-Darstellungen erzählt haben: »Du, Jesus hat auch geleuchtet, das glaube ich«, oder »Auf einem Weihnachtstransparent bei uns zuhause, da ist um das Jesuskind auch so ein Leuchten, jetzt weiß ich, das bedeutet: Jesus hat auch immer die Wahrheit gesagt und nicht gelogen.« – »Ich denke, für die Armen und Kranken war Jesus ein Licht, er hat auch nach Ostern irgendwie weitergeleuchtet.«
Tanzangebot:
Je nach Mitarbeitersituation in den Gemeinden wurden entweder eigene schlichte Tanzformen (das Licht vom Altar in den Kreis holen u.a.) mit den Kindern erfunden oder nach Siegfried Machts Buch »Kinder tanzen ihre Lieder« (Bonifatius-Verlag, Paderborn), wo auf Seite 52 und 53 zum Lied »Tragt in die Welt nun ein Licht« gute Tanzanweisungen stehen, gearbeitet.
Pantomimenangebot:
Die größeren Kindern wurden eingeladen, Redensarten vom Licht, von der Sonne und dem Stern als Rätselpantomimen zu gestalten. Zwei Gruppen arbeiteten sehr selbständig und kreativ in getrennten Räumen. Sie hatten einen Aufgaben-Auswahlzettel, auf dem stand:
Wie kann man ohne Worte spielen:
- »Die Sonne bringt es an den Tag«;
- »Mir geht ein Licht auf«;
- »Das ist ein leuchtendes Beispiel«;
- »Das ist heute eine Sternstunde«;
- »Du bist mein Sonnenschein«;
- »Es kommt ein Hoffnungsschimmer«;
- »Wo viel Licht ist, ist auch viel Schatten«.

Nach einer Zeit von gut 20 Minuten hatten die Gruppen drei Redensarten ausgewählt und spielten die einander als Rätsel vor, was jedes Mal sehr viel Gesprächsstoff gab.

D. Gemeinsame Tanzphase nach dem Mittagessen:
Wenn die Kleinen ihr »Lichter-Lied« vortanzten (zweimal mußten wir an allzu

sonnigen Adventstagen die Vorhänge zuziehen), gab es nicht nur Beifall, sondern manchmal wurden die einfachen Lichtertänze auch spontan mitgemacht. Inzwischen waren meist auch die Malversuche als Raumschmuck in Saal oder Kirche angebracht und fanden immer wieder neu Interesse.

E. Die zweite Erzählphase
wurde parallel in zwei Altersgruppen durchgeführt:
Erzählung »Wie Jesus einmal geleuchtet hat« (nach Mk. 9).
a) für die Kleineren:
»Das habt ihr ja schon gehört, wo Jesus auftauchte, da drängten sich die Menschen, da brachten sie Kranke zu ihm, da stürmten die Kinder heran, alle wollten ihn sehen. Nach solchen anstrengenden Tagen sagte Jesu einmal zu dreien seiner Jünger: »Laßt uns auf einen Berg steigen, die Ruhe dort ist für uns wichtig, dort oben will ich ungestört beten.«
Petrus, Jakobus und Johannes gingen mit ihm. Unten im Tal blieb alles Laute zurück, die vielen Menschen, der Lärm, die Unruhe. Je höher Jesus mit den Jüngern hinaufwanderte, desto mehr spürten sie die Stille. Oben auf dem Berg umfing sie großer Friede.
Petrus, Jakobus und Johannes setzten sich und schauten nach unten. Jesus aber ging etwas beiseite, kniete nieder und betete.
Als die drei wieder zu Jesus hinübersahen, da glaubten sie ihren Augen nicht zu trauen: Jesu Gewand leuchtete wie Schnee, und er selbst leuchtete wie eine Sonne. Zwei Männer in weißen Kleidern schienen bei Jesus zu stehen und mit ihm zu reden, bald aber verschwanden sie wieder.
Ein unbeschreiblicher Friede umfing sie nun alle, da sagte Petrus: »Hier laßt uns bleiben, hier laßt uns Hütten bauen.«
Da kam eine Wolke, und es war, als ob eine Stimme daraus sprach: »Seht, dies ist mein Sohn, hört auf Jesus!«
Jesus betete noch eine Zeit, noch immer leuchtete er, dann aber verschwand das Leuchten, er erhob sich und sagte zu den drei Jüngern: »Nein, so schön es hier oben auch ist, unten brauchen uns die Menschen, ich muß meinen Weg zu Ende gehen. Doch, was ihr hier heute erlebt und gesehen habt, das sollt ihr erst nach meiner Auferstehung weitererzählen.«
In Gedanken versunken gingen sie wieder nach unten. Die drei Jünger dachten, welch ein Geheimnis haben wir da schon sehen dürfen, wie Gottes Sonne hat Jesus geleuchtet, ja, er ist unser Licht.«
b) für die Älteren:
»Manchmal hatte Jesus von der Dunkelheit in der Welt gesprochen: Menschen ohne Hoffnung leben wie im Dunkel. Lüge, Unrecht machen alles dunkel und trostlos. Er wollte wie ein Licht sein, das wärmt, das heilt, das Hoffnung gibt. Heute sollt ihr nun eine ganz ungewöhnliche Jesus-Geschichte dazu hören, da

geschieht etwas, von dem Jesus nachher zu den Jüngern sagt, sie sollen es nicht weitererzählen – erst nach Ostern, wenn er auferstanden ist.
Es geschah auf einem Berg; nach Tagen der Unruhe unter vielen, vielen Menschen wollte Jesus einmal besonders viel Ruhe haben für sich und Ruhe zum Beten, darum nahm er drei seiner liebsten Jünger mit auf einen Berg: Petrus, Jakobus und Johannes.
Oben auf dem Berg ging Jesus etwas beiseite, um zu beten. Aber als er niederkniete zum Gebet, da sahen die Jünger, wie sein Gesicht anfing zu leuchten, wie eine Sonne, wie ein göttliches Licht, und sein Gewand leuchtete wie reiner Schnee. Zwei Gottesmänner aus früheren Zeiten erschienen ihm und redeten leise mit ihm, es schien als wären das Mose und Elia.
Auch die Jünger spürten einen grenzenlosen Frieden, eine Ruhe, wie sie sie noch nie in ihrem Herzen gespürt hatten, jetzt verschwanden die beiden Gottesmänner. Jesus kniete noch immer und betete.
Da sagte Petrus: »Hier laß uns Hütten bauen, am liebsten wollte ich, wir könnten für immer hier oben bleiben.«
Da geschah es, daß eine Wolke rasch heranzog, und aus der Wolke sprach eine Stimme: »Dies ist mein lieber Sohn, hört auf ihn!«
Jetzt stand Jesus auf, das Leuchten war verschwunden, er ging auf die drei Jünger zu, die diesen ungewöhnlichen Augenblick erlebt hatten. »Sagt niemandem, was ihr hier heute schon sehen durftet, vor euren Augen leuchtete ich schon im göttlichen Licht meines Vaters, erst nach meiner Auferstehung sollt ihr das weitersagen. – Nun aber laßt uns wieder hinuntergehen, dort unten ist viel Not, viel Dunkelheit, die Menschen brauchen mich.«
So wanderten sie den Weg zurück. Die Berge in Palästina sind nicht hoch, aber doch hatten sie dort oben etwas erlebt, was sie noch lange bewegt hat, – aber, wie merkwürdig, Jesus wollte nicht, daß sie es jetzt schon anderen erzählten ...«

F. Vergleich beider Geschichten:
Ähnlichkeit und Gegensatz beider Erzählungen ging bei allen Durchführungen dieses Konzeptes den Kindern rasch auf. Viele wollten sich spontan äußern.
Hier einige mitprotokollierte Kinderäußerungen:
»Na, weil der Jesus so ähnlich ist wie Gott, da kann er auch so einen Glanz wie die Sonne haben, aber eben nicht immer...«
»Jesus wollte nicht, daß sie Propaganda für ihn machten, die Leute sollten von allein glauben, daß er Licht und Gutes bringen kann.«
»Jesus sah doch aus wie ein normaler Mensch, daß er Gottes Sohn ist, das war nicht so leicht herauszufinden, aber die drei auf dem Berg, die wußten es nun hundertprozentig.«
»Nach Ostern haben es immer mehr Leute gemerkt, daß Jesus mehr als ein guter Mensch war.«

»Ich stell' mir das so vor, wenn wir Jesus vertrauen, dann merken wir, daß er die traurigsten Erlebnisse wieder hell machen kann, er ist doch stärker als selbst der Tod.«
»Die tolle Sache von Giacomo, die war zu Ende eines Tages, aber das mit Jesus geht eben weiter, er ist nicht tot, bleibt irgendwie lebendig.«
»Ein bißchen, meine ich, hat Jesus immer geleuchtet, immer gestrahlt, da war die ganze Kraft Gottes in ihm, das kam manchmal deutlich heraus. Für die Hirten und die drei Könige schon Weihnachten.«
»Wenn Jesus Licht bringt, dann ist doch eigentlich das Licht von Weihnachten und von Ostern dieselbe Sache – auch das Licht, das Leuchten auf dem Berg.«
»Ich glaube, Jesus sagt doch mal, wir sollen auch Licht zu den Traurigen bringen. Sind wir nun mehr wie Giacomo oder mehr ähnlich wie Jesu?«
»Na, wir schwindeln doch alle ziemlich oft, da können wir nicht wie Giacomo darin ein leuchtendes Vorbild sein.«
»Aber Jesus verzeiht das, wir singen das doch im Lied. Ein klitzekleinwenig leuchten wir schon – manchmal oder?«
»Zumindest bringen wir Licht und Freude zu anderen, die wir als Sternsinger in ihrer Wohnung oder im Krankenhaus besuchen...«

G. Bildbetrachtungsphase:
Wir zeigten in den Gemeinden recht unterschiedliche Dias, aber eben immer nur *ein* Bild, eine Darstellung der Geburt, bei der wir uns gemeinsam Gedanken machten um den hellen Schein um das Kind herum. Auch das Summen und Singen der Kanonmelodie »Wie ein Licht« vertiefte das Beobachten, das Sich-Hinein-Meditieren: es war »singendes Sehen« und »sehendes Singen«!

Text und Melodie: Wolfgang Longardt
Aus: »Weihnachten entdecken«, Christophorus-Verlag, Freiburg/Br. und Verlag Ernst Kaufmann, Lahr/Schw.

H. Schlußphase mit Collagen-Aktion:
Das Vorbereitungsteam hatte jeweils auf einen großen Bogen Packpapier, der niedrig an einer Wand angebracht war, ein Krippensymbol gemalt, um das nun gelbe Lichtstreifen von den Kindern gesteckt wurden. Meist entstand am Ende, wenn rund um die Krippe kein Platz mehr war, noch ein Weihnachtsstern, ehe als Ausklang des Tages zum Kanon »Er leuchtet still, der Stern, der etwas sagen will« (siehe S. 120) nochmals ganz langsam in der Raummitte auf dem Fußboden ein Bänderstern entrollt und dann gehoben bzw. wieder gesenkt wurde.
Nachbemerkung: Besonders in den beiden Schlußphasen dieser Tage kam es mehrfach zu Äußerungen der Kinder über Eigenschaften des Lichtes, über seine Wirkung: es wärmt, lädt ein, macht nachdenklich, tut gut, ist leise, aber es ist verletzlich, es will bewahrt sein usw.
Doch auch die Kinder, die vielfältige Lichtwirkungen und solche von der Lichtbotschaft Jesu nicht oder noch nicht verbalisiert haben, konnten heimgehen mit Bildern, die mehr als nur oberflächlich in ihre seelische, innere Bildwelt eingedrungen waren.

Noch ein Lied:

2. Tragt zu den Alten ein Licht ...
3. Tragt zu den Kranken ein Licht ...
4. Tragt zu den Kindern ein Licht ...

Text und Melodie: Wolfgang Longardt
Aus: Spielbuch Religion
Alle Rechte im Verlag Ernst Kaufmann, Lahr/Schw.

Kapitel 8
Briefe machen Freude

Ein Kinderbibelwochenende als Auftakt zum Gemeindefest

Klaus Zillessen

I.

Die Kinder werden per handschriftlicher (vervielfältigter) Postkarte (mit schöner Sonderbriefmarke) eingeladen:
Liebe Kinder,
Wir laden Euch herzlich ein zum Kinderbibelwochenende 1992
»BRIEFE MACHEN FREUDE«!
Am .... treffen wir uns in unserm Gemeindezentrum.
Wir bekommen Briefe, malen, singen, basteln und schreiben Briefe – und zwischendurch gibts Limo und Gebäck.
Am darauffolgenden Sonntag machen wir dann mit und für die großen Leute einen schönen Familiengottesdienst zum Gemeindefest.
Wir freuen uns auf Dich.
Eure ......

II.

Lied zum Kinderbibelwochenende
(in Anlehnung an das Tauflied »Ein Kind ist angekommen« von Kurt Rommel)

2. Ein Brief ist angekommen, für wen ist er gedacht?
An dich ist er gerichtet und auch an mich, gib acht,
An dich ist er gerichtet und auch an mich, gib acht!
3. Ein Brief ist angekommen, wir alle freun uns sehr,
Gott selbst hat ihn geschrieben, er liebt uns mehr und mehr,
Gott selbst hat ihn geschrieben, er liebt uns mehr und mehr.

Neutextierung zu dem Lied »Ein Kind ist angekommen«, Text und Melodie: Kurt Rommel
Aus: Sieben Leben möcht ich haben
Alle Rechte im Christophorus-Verlag, Freiburg/Br. und Verlag Ernst Kaufmann, Lahr/Schw.

III.

Erste Arbeitseinheit (ein Vormittag oder ein Nachmittag):

Wir treffen uns in der Kirche (nach Altersgruppen geordnet):
a) Ein Mitarbeiter (Kind?) mit »Dienstmütze« bringt einen überdimensional großen Briefumschlag;
b) Bevor wir öffnen, singen wir: Kinderbibelwochenendlied Vers 1;
c) Der Absender wird vorgelesen: »Ephesus« (wo liegt das?), »Paulus, Apostel, z.Zt. in Ephesus, Kleinasien, im Auftrag Gottes und unseres Herrn Jesus Christus.«
d) Lied Vers 2;
e) Adresse wird bekanntgegeben: »Kinder in ....«;
f) Öffnen des Briefes, Blatt entfalten und vorlesen:
»Gnade sei mit euch und Friede von Gott unserem Vater und unserem Herrn Jesus Christus. Ihm sei Ehre von Ewigkeit zu Ewigkeit. (Gal 1.3)
Seht, mit wie großen Buchstaben ich euch mit eigener Hand geschrieben habe! (Gal 6,11)
Unser Herr Jesus Christus, Gottes Sohn, hat uns geliebt und sich selbst für uns am Kreuz hingegeben. (Gal 2,20b)
Vergeßt nicht all die Geschichten, in denen Jesus euch vor Augen gemalt worden ist! (Gal 3,1b)
Die Gnade unseres Herrn Jesus Christus sei mit euch allen. Amen. (Gal 5,18)
g) Wir sollen die Jesusgeschichten, die wir gehört, gelesen, gemalt, gesehen haben, nicht vergessen! – schreibt Paulus.
Deswegen wollen wir jetzt gleich in Gruppen zueinandergehen, uns überlegen, welche Geschichten von Jesus wir kennen, die uns in Wort oder Bild in Schule und Kindergottesdienst schon mal vor Augen gestellt worden sind – und jeder soll dann *eine* Jesusgeschichte malen als große Riesensonderbriefmarke!
h) Singen des Kinderbibelwochenendliedes Vers 3.

Gruppenarbeit

a) Wir lernen uns kennen, indem wir einen Riesenbriefumschlag falten, kleben und mit unserer Adresse versehen!

b) Wir tragen zusammen, welche Jesusgeschichten wir kennen, die uns schon einmal »vor Augen gemalt worden« sind.

c) Jeder malt als »Briefmarkenentwurf« für seinen selbstgebastelten Briefumschlag eine Jesusgeschichte und klebt die »Briefmarke« auf. (11 x 8 cm?)

d) Pause mit Limo und Gebäck.

Abschlußtreff in der Kirche

a) Die Briefumschläge werden in der Kirche angeheftet
und gestempelt!

b) Lied nochmal singen;

c) ›Brief‹ des Paulus wird nochmal vorgelesen (als Lesung),

d) Gebet und Segen.

IV.

Zweite Arbeitseinheit (ein Vormittag oder Nachmittag):

Wir treffen uns in der Kirche (nach Altersgruppen geordnet);
a) Ein Brief in großem Briefumschlag wird wieder reingebracht;
b) Wir singen Kinderbibelwochenendlied Vers 1 – 3;
c) Öffnen des Briefes, »Vorlesen«;
»Gnade sei mit euch und Friede von Gott unserem
Vater und unserem Herrn Jesus Christus. (Phil 1,2)
Freut euch seinetwegen allezeit
und nochmal sage ich: Freut euch!
Eure Freundlichkeit laßt alle Menschen erfahren.
Der Herr Jesus ist (euch und ihnen) nahe!
Der Friede Gottes, der höher ist als alle Vernunft,
bewahre eure Herzen in Christus. Amen.« (Phil 4,4-7)

Wir gehen in Gruppen auseinander:
a) Wir sollen uns – so schreibt Paulus – miteinander freuen, weil es Jesus gibt: Was für Gründe haben wir, uns über Jesus zu freuen? (Im Gespräch zusammentragen!)
b) Andere sollen unsere Freude und Freundlichkeit erfahren und spüren: auf welche Weise kann das geschehen? (Gespräch)
.... unter anderem auch dadurch, daß wir ihnen einen *Brief schreiben* und sie *zum fröhlichen Familiengottesdienst einladen*, abholen ...
c) Wir überlegen gemeinsam einen Brieftext. Jeder schreibt eine Karte (Einladung zum Gottesdienst – oder Bibelwort für Kranke im Altersheim) und verziert und bemalt die Ansichtsseite der Karte.
d) Wir überlegen, wem wir den Brief bringen oder schicken (Eltern, Nachbar, Lehrerin, Schulkameraden, Senioren, Verwandte in der Nähe ...). Adresse?!
e) Pause mit Limo und Gebäck.

Abschlußtreff in der Kirche:
a) Post – soweit sie nicht selbst ausgetragen wird – in großem Papp-*Briefkasten* sammeln;
b) Brieftext (Philipper 4) nochmal lesen: unsere Freude sollen andere erfahren, die freudige Nachricht von Jesus soll sich ausbreiten, deswegen singen wir:
c) »Eine freudige Nachricht breitet sich aus« (Lied);
d) Gebet und Segen.

V.

Bausteine für den Familiengottesdienst

Beim Gemeindefest, in das das Kinderbibelwochenende 8 Tage später einmündet:

1. Ausstellung der von den Kindern gemalten Briefmarkenentwürfe;

2. Lied der Kinder »Ein Brief ist angekommen ...«

3. Ausführlicher Bericht vom Kinderbibelwochenende;

4. Als Lesungen noch einmal die Texte der Arbeitseinheiten;

5. Predigttext: »IHR seid unser Brief, ins Herz geschrieben, gelesen von allen Menschen! Ist es doch offensichtlich, daß ihr ein Brief Christi seid, durch unsern Dienst zubereitet, nicht mit Tinte geschrieben, sondern mit dem Geist des lebendigen Gottes, nicht nur auf steinerne Tafeln (oder papierene Blätter), sondern in eure Herzen.« (1. Kor 3).

6. Ein paar Gedanken dazu: Sind wir ein beredter Brief Christi für andere? (Kein Klagebrief, kein Drohbrief, keine Rechnung oder Mahnung, kein anonymer Brief, sondern ein Trostbrief, eine Einladung, ein Liebesbrief). Ist die Schrift dieses Briefes noch entzifferbar? Oder ist die Schrift verblichen, sind wir nichtssagende Briefe, wie »unbeschriebene Blätter«?
   Wir sind Gottes Liebesbrief an andere. Erreicht den andern dieser Brief – Oder ist er verbummelt worden, verloren gegangen, so daß die Liebenden nie zueinanderkommen werden? ....

Kapitel 9
Der Anfang muß Spaß machen

Bausteine und Ideen

Wolfgang Longardt

Die erste Viertelstunde entscheidet darüber, ob die Kinder sich wohlfühlen und am Folgetag gern wiederkommen. Schon die Auftaktphase an jedem Morgen muß Spaß machen, spielerisch-fröhlich ausfallen und eine Art »Wir-Gefühl« unter den Kindern wecken.
In den Vorkapiteln ist schon an allerlei Praxisbeispielen beschrieben, mit welchen Ideen solche Auftaktphasen gestaltet werden können, das reicht zum Beispiel vom rhythmischen Klatsch- und Reaktionsspiel zu einer bekannten Liedmelodie (siehe Seite 82/83) bis zu einer bunten KINDERBIBELWOCHE-Glocke (siehe S. 66/68), die vorher vom Team gebastelt ist, aber nun mit lustigen Kindergesichtern (Selbstbildnissen), Namenszügen oder bunten Handabdrücken verziert und kräftig geläutet wird (innen hängt ein Orff-Resonanzstab oder eine Zimbel).

Drei weitere bewährte Auftakt-Ideen seien hier dazugefügt.

Idee 1:

Wenn im Gemeindesaal alle im großen Kreis Platz nehmen, kann ein großer, bunter *Guten-Morgen-Fisch* in der Mitte auf dem Fußboden entstehen. Seine Grundform hat der Fisch im Vorbereitungsteam bereits aus einem großen Stück Karton bekommen. Bunte Pappscheiben als Fischschuppen liegen in kleinen Körben bereit. Jedes Kind kann am ersten Tag eine Farbe wählen, seinen Namen daraufschreiben und ihn nennen, dazu legt es seine Schuppe irgendwo auf den KINDERBIBELWOCHE-Guten-Morgen-Fisch. Mehrfach kann, während der Fisch immer bunter wird, weil neue Schuppen daraufgelegt werden, ein Vers zusammen gesprochen werden:
»Auf dem Boden in der Mitte
liegt ein Fisch,
der ziemlich rund,
und er wird sich gleich verwandeln,
seht nur hin, er wird gleich bunt
wie ein bunter neuer Tag,
den uns Gott heut schenken mag!«

Ob Kantor oder Kantorin vielleicht dazu eine kleine Melodie schreiben?
Anmerkung: Vom zweiten Morgen an erhält das Spiel eine Variante, die bunten Karton-Schuppen werden nicht mehr mit dem Namen nach oben auf den Fisch gelegt. Jedes Kind nimmt seine Scheibe wieder aus dem Korb, geht zum Fisch in der Stuhlkreismitte und sagt:

»Von manchen, die hier kamen,
kennt ihr gewiß die Namen.
Kennt ihr vielleicht auch mich?
Na sagt, wie heiße ich?

Dann legt es seine Schuppe zum Schmuck auf den Fisch.
(Übrigens ist das »Fisch-Spiel« später oft in die Gruppenarbeit übernommen worden, weil dann jeder jeden kannte, wurde es zu einem Spiel über die Stimmungen und Gefühle der Gruppenkinder. Jeder wählte eine Farbe, die seiner Stimmung, seinem Erleben gerade entsprach, sagte dazu ein paar Worte und legte sie auf den Fisch.)

Idee 2:

Auf dem Einladungszettel ist vermerkt, daß jedes Kind einen hölzernen Kochlöffel mitbringen soll. Mit abwaschbarem Filzer wird darauf vorn ein Gesicht gemalt und der Name auf der Rückseite des Holzlöffels geschrieben.

Nun kann man sich miteinander bekanntmachen und einen Holzlöffel-Begrüßungstanz (zur Not auch im Sitzen) machen:
»Viele Gesichter sind um mich her,
manche bemerk' ich nicht, andere sehr.
Dieser hier nickt mir zu:
willst du mein Freund sein, du?«
Zu diesem gesprochenen Vers kann jedes Kind nach links und rechts rhyth-

misch Kontakt aufnehmen, indem die Holzlöffel aneinandergeschlagen werden, bald nach links, bald nach rechts.
(Im ABAKUS-Liederbuch »Heißa, wir leben« und auf der LP »Vieles ist nicht selbstverständlich«, ABAKUS, ist eine Tanzmelodie zum obigen Vers zu finden.)
Das Vorbereitungsteam hat mehrere Eimer bereitgestellt, die mit Sand gefüllt sind, jedes Kind kann sein Holzlöffelgesicht dann dort hineinstecken, bis sich vielleicht zum Schluß alle mit den Holzlöffeln auch wieder voneinander verabschieden.

Idee 3:

Auf eine große Pappe malt das Vorbereitungsteam die Umrisse eines riesigen Thermometers. Ferner sind schmale bunte Kärtchen und Filzer bereitgelegt. Jedes Kind schreibt seinen Namen auf ein Kärtchen, dann beginnt das Spiel: Namenskärtchen auf Namenskärtchen wird übereinander auf das Thermometer geheftet (mit Pinwand-Stiften).
Während die bunte Thermometersäule wächst und nach oben steigt, kann mehrfach der Vers gesprochen werden:
»Na, na, na?
Was seht ihr da?
Das Zahlenthermometer zeigt,
wie unsre Kinderzahl nun steigt,
willkommen sind hier täglich mehr,
holt immer neue Freunde her!«
Mit Orff-Instrumenten kann dieser Vorgang spannend untermalt werden. Vielleicht schreibt jemand dazu auch eine kleine Melodie?
Querverweis: In manchen Gemeinden ist der leider vergriffene erste Band »Kinderbibeltage – Kinderbibelwochen« noch vorhanden. Dort sind als Auftaktspiele noch bunte Gruppenbänder, die mit Namen oder Gesichtern bemalt werden, vorgeschlagen, sowie Fußsohlen, die man ummalt und ausschneidet. Allerlei Begrüßungsbilder rund um eine Kerze, aber auch Spurenabläufe von Geschichten sind damit dann darstellbar.
Schließlich ist mehrfach im Band 1 eine lustige Stabfigur vorgeschlagen, die täglich die Kinder begrüßt und das Geschehen originell kommentieren kann.

Kopiervorlage für eine Einladung

Als kleine Praxishilfe für die Einladung zu einer Kinderbibelwoche oder Kinderbibeltagen ist die nebenstehende Seite so gestaltet, daß ein eigener, knapper Einladungstext mit Zeit- und Ortsangaben eingefügt werden kann. Das Ganze läßt sich dann mühelos kopieren, farbig ausmalen und ergibt ein ansprechendes, fröhliches Werbematerial. Auch die Zeichnung von Seite 135 ist gut kopierbar.

Register

Verzeichnis der benutzten biblischen Texte

1. Die Geschichte von Mose und dem Weg des Volkes Israels (2. Buch Mose in Auswahl) .... 25ff.
2. Die Pfingstgeschichte (2. Apg. in Auswahl) .... 52ff.
3. Brief des Paulus an die Philipper (Phil. 1,2 +4,4-7) 131
4. Brief des Paulus an die Galater (Gal. 1,3; 2,20b; 3,1b; 6,11 und 6,18) 129
5. Brief des Paulus an die Korinther (2. Kor, 3,2-3) 132
6. Die Geschichte von der Verklärung Jesu (Mk. 9,2-9) .... 123ff.
7. Die Geschichte von Jesu Passion und Auferstehung (Mk. 15+16 in Auswahl) .... 80ff.
8. Die Geschichte von der Kindersegnung (Mk. 10, 13-16) 95
9. Die Geschichte von der Heilung der zehn Aussätzigen (Lk. 17,11-19) .... 70ff.

Verzeichnis der Lieder

Liturgie/P. Janssens: Herr, erbarme dich 108
anonym überliefert: A-ka-ra-wa-ni (Karawanensong) 29
anonym überliefert: Aramsamsam 105
anonym überliefert: Atte hatte nuwa 105
M. Birkenfeld: Ja, Gott hat alle Kinder lieb 104
E. Bücken/P. Janssens: Wir singen vor Freude 40
J. Fliege/H. Clausen: Wir sind die Kleinen 51
anonym überliefert: Gott sei Dank, halleluja 107
K. Grünwaldt/W.Gerts: Auf denn, Mose, mach dich auf 36
F. Hoffmann/M.G. Schneider: Wenn überall Land wär 102
J. Holzmeister: U gonni, gonnißa 104
P. Horst/L.Keller: Laßt uns gehn in unser Land 37
J. Homann/W. Gerts: Wo ich gehe, wo ich stehe 34
P. Janssens: Vaterunser 32
D. Jöcker: Du bist, wo Menschen leben 30
R. Krenzer/L. Edelkötter: Ich gebe dir die Hände 103
R. Krenzer/D. Jöcker: Schenk uns Zeit 108
Konstanz/Erfurt: O Kreuz, du heiliges Zeichen 109
Ch. Lehmann: Mein Gott, das muß anders werden 23

W. Longardt: Das muß man weitersagen 73
W. Longardt/D. Jöcker: Er leuchtet still 120
W. Longardt: Dunkel soll es nun nicht bleiben 81
W. Longardt: Glocken rufen uns 67
W. Longardt: Hört nun die Geschichte 70
W. Longardt: Trag in die Welt nun ein Licht 127
W. Longardt: Wie ein Licht, das hell und warm 125
W. Longardt: Wie man andere versteht 69
W. Radeke/W. Gerts: Ein jeder kann kommen 21
K. Rommel: Du hast uns, Herr, gerufen 83
M. Scouarnec/J. Akepsimas: Wir haben Gottes Spuren 30
Ch. Süßmann/B. Schlaudt: Alle Kinder dieser Erde 102
K. Zillessen/K. Rommel: Ein Brief ist angekommen 128

Verzeichnis der Spielarten und kreativen Gestaltungsformen

Bänderspiele zu Symbolen	Kap. 7
Basteln	Kap. 2,3,5
Collagen	Kap. 2 und 7
Erzählpantomimen	Kap. 2 und 3
Figurenspiel	Kap. 5
Holzlöffelspiel	Kap. 9
Imaginationsübung	Kap. 3
Kreisspiele	Kap. 2
Legespiele zu Symbolen	Kap. 4,6 und 9
Meditative Bildarbeit	Kap. 4,6 und 7
Pantomimische Spiele	Kap. 2,3,4,6 und 7
Reaktionsspiel	Kap. 9
Reportagespiel	Kap. 4
Rollenspiele	Kap. 2
Schreib- und Malspiele	Kap. 2,3,4,7,8, und 9
Statuenspiele	Kap. 3 und 4
Tücherspiele	Kap. 2 und 6
Wollfadenbilder auf Teppichfliesen	Kap. 6

Stichwortverzeichnis

Aaron	Kap. 2
Achten	Kap. 5
Afrika-Tag	Kap. 5
Ägypter	Kap. 2
Altar-Kreuz	Kap. 6
Anfangsspiele	Kap. 4 und 9
Auftaktrituale	Kap. 9
Atomspiel	Kap. 2 und 9
Aussätzige	Kap. 3
Außenseiter-Situationen	Kap. 2
Bänderstern	Kap. 7
Bastelvorschläge	Kap. 2,3, und 5
Begrüßung	Kap. 2 und 9
Beispiel, das leuchtet	Kap. 7
Checkliste	Kap. 1
Denkmal (Denk-mal)	Kap. 6
Dornbusch-Tanz	Kap. 2
Drachengschichte	Kap. 2
Dritte Welt	Kap. 5
Einladungsbriefe (persönlich)	Kap. 3
Fußbodenkreuze	Kap. 6
Gebote	Kap. 2
Geschichten-Kreuze	Kap. 6
Gesichterspiel	Kap. 9
Giacomo, der Kristall	Kap. 7
Grönland-Tag	Kap. 5
Guten-Morgen-Fisch	Kap. 9
Heilungen	Kap. 3
Holzlöffelspiel	Kap. 9
Hütten-Bauen	Kap. 2 und 7
Identifikationsfigur	Kap. 5
Israeliten	Kap. 2
Indien-Tag	Kap. 5
Jesus	Kap. 3, 4, 5, 6 und 7
Kartoffelstempeldruck	Kap.
Kindersegnung	Kap. 5
KINDERBIBEL-WOCHEN-Glocke	Kap. 3
Kinder-Alltags-Geschichten	Kap. 2
Kinder Gottes (überall)	Kap. 5
Kneten	Kap. 2
Kooperations-probleme	Kap. 1
Kostenfrage	Kap. 1
Krankenheilungen	Kap. 3
Kranken-Briefe	Kap. 3
Kreuz-Symbol	Kap. 4 und 6
Kreuzdeutungen	Kap. 6
Konzentrationshilfen	Kap. 4
Kopiervorlagen	Kap. 2
Lampensammlung	Kap. 7
Lepra	Kap. 3
Leuchten	Kap. 7
Literatur (Kinder woanders)	Kap. 5
Manna	Kap. 2

Mitarbeiterfrage Kap. 1
Morgenrituale Kap. 7 und 9
Mose Kap. 2

Ostern Kap. 4
Oster-Tanz Kap. 4

Pantomime Kap. 2,3,4,6, und 7
Passion Kap. 4
Pharao Kap. 2
Paulus-Briefe Kap. 8
Praxisprobleme Kap. 1
Pilger-Prozession Kap. 6

Raumorganisation Kap. 1
Redensarten Kap. 7
Rodari-Märchen Kap. 7

Schatten Kap. 7
Sonne Kap. 4
Spielregeln Gottes Kap. 2
Sprechblasenspiel Kap. 2
Sprichwörter Kap. 7
Statuenspiele Kap. 3
Sternenbänder Kap. 7
Strahlen-Legespiel Kap. 7
Südamerika-Tag Kap. 5
Symbol-Arbeit Kap. 4,6 und 7

Thermometer-Spiel Kap. 9
Trauer Kap. 4

Unterdrückung durch Erwachsene Kap. 2
Unterwegs-Sein Kap. 2

Vergleich (Bibel-Märchen) Kap. 3 und 7
Veränderungs-situation Kap. 2
Verklärung Jesu Kap. 7
Verkleiden Kap. 2
Vogel-Figur Kap. 5

Wahrnehmen Kap. 5
Weihnachtslicht Kap. 7
Wüstenwanderung Kap. 2

☞ Zum Erzählen und Spielen

Religion – spielen und erzählen

Kinder begleiten in Schule und Gemeinde. Herausgegeben von Wolfgang Gerts, Ingrid Ryssel, Gunnar Urbach, Gerhard Vicktor und Doris Westheuser. Illustrationen und grafische Gestaltung von Doris Westheuser. 2. Auflage. 264 Seiten A4. Mit zahlreichen Illustrationen. Geb. [3-579-02194-X]

Hier Vorlesebücher, dort Spielebücher zu religiösen Stoffen gibt es zahlreich. Die Kombination von Erzählungen und kreativen Zugängen wie in diesem Buch ist jedoch völlig neu. Das Buch enthält 100 Geschichten und etwa 150 kreative Angebote. Zu den Geschichten gibt es kreatives Material – zu jedem kreativen, spielerischen Teil eine oder auch mehrere Geschichten.

Mit vielen methodisch-didaktischen Vorschlägen unterstützt das Buch Lehrerinnen und Lehrer sowie Mitarbeiterinnen und Mitarbeiter in der Gemeinde, die mit Kindern zwischen 7 und 12 Jahren zu tun haben.

Gütersloher Verlagshaus

☞ Krabbelnd und spielend Kirche erfahren

Klaus Meyer

Krabbelgottesdienste

Mit Kleinkindern in der Kirche.
2. Auflage. 101 Seiten mit zahlreichen Abbildungen. Kt. [3-579-02799-9]

Dieser Erfahrungsbericht gibt praktische Anleitungen, wie Eltern mit ihren Kindern zusammen die Kirche als ein freundliches Haus erfahren können.

Nach ihrer Taufe als Säuglinge lernen Kinder die Kirche in der Regel erst wieder im Kindergartenalter kennen – getrennt von ihren Eltern. Seit einiger Zeit mehren sich jedoch die Versuche, Kleinkindern an der Hand ihrer Eltern die Gelegenheit zu bieten, die Kirche als ein freundliches Haus zu erleben.

Damit wird eine wichtige emotionale Grundlage gelegt. Auf dem Teppich sitzend und krabbelnd, singend und spielend wird der jesuanische Auftrag »Lasset die Kindlein zu mir kommen!« fröhliche Gegenwart.

Gütersloher Verlagshaus

Freude und Spaß an der Kirche – Gemeindefeste für alle

Arbeitsbuch Gemeindefeste

Ideen, Modelle und Bausteine für die Praxis.
Herausgegeben von Erhard Domay
in Zusammenarbeit mit Wolfgang Gerts.
175 Seiten mit zahlreichen Abbildungen.
Kt. [3-579-02915-0]

Eine Fülle von Anregungen aus der Praxis, aus einem Gemeindefest eine gelungene Sache zu machen, bei der viele Menschen mit Kreativität, Elan und Freude bei Planung, Vorbereitung und Feiern zusammenkommen.

Kaum ein Anlaß im Gemeindeleben bietet so viele Freiräume für Ideen, Begabungen, Aktionen der Mitwirkenden wie ein Gemeindefest. Kaum sonst haben so viele Menschen Freude und Spaß an der Kirche – häufig auch solche, die sich eher als Randsiedler und nicht als Stammkundschaft verstehen. Gelingt es zudem, auch über die Grenze der Kirchengemeinde hinaus zur Mitarbeit einzuladen, dann kann das Gemeindefest ein Fest für die weitere Nachbarschaft, ja für den ganzen Ort werden. Ein Fest ohne »kirchliche« Grenzen.

Das Buch bietet eine Fülle von praxisbewährten Modellen und Bausteinen, die dazu ermutigen wollen, Feste zu feiern, die Menschen zueinanderbringen.

Gütersloher Verlagshaus